Reinhold Ruthe
Sie sind einzigartig

Der Autor

Reinhold Ruthe wurde 1927 geboren. Nach einem Studium am Seminar für Evangelische Jugendführung war er elf Jahre lang Generalsekretär des CVJM in Hamburg. Mit seiner Frau Charlotte gründete er die erste deutsche Eheschule, die in Zusammenarbeit mit Ärzten, Psychologen, Biologen, Rechtsanwälten und Pfarrern junge Menschen auf die Ehe vorbereitete. Nach einer weiteren Ausbildung zum Psychotherapeuten für Kinder und Jugendliche leitete er bis 1990 eine Evangelische Familienberatungsstelle. Später war er fünfzehn Jahre lang Dozent für Psychologie und Pädagogik an zwei staatlichen Fachschulen. Parallel dazu arbeitete er 1986 bis 1999 als Ausbildungsleiter gemeinsam mit Frau und Tochter am von ihnen gegründeten Magnus-Felsenstein-Institut für beratende und therapeutische Seelsorge. Ruthe ist außerdem Autor von etwa 85 Büchern zu den Themen Sexualpädagogik, Theologie, Ehe- und Familienberatung.

Reinhold Ruthe

Sie sind einzigartig

Bausteine für ein gesundes Selbstvertrauen

Brunnen Verlag · Basel und Gießen

ABCteam-Bücher erscheinen in folgenden Verlagen:

Aussaat Verlag Neukirchen-Vluyn
R. Brockhaus Verlag Wuppertal
Brunnen Verlag Basel und Gießen
Christliches Verlagshaus Stuttgart
Oncken Verlag Wuppertal und Kassel

Bibliografische Information der Deutschen Bibliothek
Die Deutsche Bibliothek verzeichnet diese Publikation in der Deutschen
Nationalbibliografie; detaillierte bibliografische Daten sind im Internet
über http://dnb.ddb.de abrufbar.

Die Bibelstellen sind, soweit nicht anders angegeben, der revidierten
«Hoffnung für alle» (2002) entnommen.

© 2006 by Brunnen Verlag Basel

Umschlag: Michael Basler, Lörrach
Foto Umschlag: Zefa, Düsseldorf
Satz: Bertschi & Messmer AG, Basel
Druck: Bercker, Kevelaer
Printed in Germany

ISBN 3-7655-1376-8

Inhalt

Vorwort 9

Kapitel 1:
Der Lebensstil des Selbstwertbewussten 13
Ich fühle mich im Leben wohl 13
Mein Selbstwert gibt mir Selbstvertrauen 14
Mein Selbstwert und mein Urvertrauen 16
Die positive oder negative Erziehung 17
Ein gesundes Selbstwertgefühl fällt keinem in den Schoß 19
Wir handeln nach unseren Selbstporträts 21
Sechs Charakteristiken der selbstbewussten
    Persönlichkeit 23

Kapitel 2:
Der Lebensstil des Selbstwertgestörten 27
Selbstwertstörungen – wer ist besonders betroffen? 28
Gewollte oder ungewollte Kinder 28
Was ist der Lebensstil? 29
Der Mensch mit Selbstwertstörungen hält nichts von
    sich 32
Welche fehlerhafte Grundeinstellung spiegelt Ihre
    Persönlichkeit wider? 35
Wie können Sie den fehlerhaften Grundeinstellungen
    begegnen? 37

Kapitel 3:
Einige konkrete Störungen des Selbstwertes 41
Störung Nr. 1: Die Beziehungen sind belastet 41
Störung Nr. 2: Angst 43
Störung Nr. 3: Traumatische Erlebnisse 44
Störung Nr. 4: Minderwertigkeitsgefühle 46

Störung Nr. 5: Liebesprobleme 51
Störung Nr. 6: Machtstreben 53
Störung Nr. 7: Krankheiten 55
Störung Nr. 8: Menschen können schlecht Nein sagen.. 57
Störung Nr. 9: Streben nach Idealen 59
Störung Nr. 10: Hyper-Sensibilität................................ 62
Störung Nr. 11: Narzissmus... 64
Störung Nr. 12: Selbstzweifel....................................... 65
Störung Nr. 13: Selbstmitleid 67
Störung Nr. 14: Alles persönlich nehmen 68
Störung Nr. 15: Geltungsstreben.................................. 70
Störung Nr. 16: Leistungsstreben................................. 72
Störung Nr. 17: Anpassung bzw. Überanpassung 74
Störung Nr. 18: Magersucht... 77
Störung Nr. 19: Flucht in die Sucht 78

Kapitel 4:
   So stabilisieren Sie Ihren Selbstwert! 83
BAUSTEIN NR. 1: Ich bejahe meinen Selbstwert 85
BAUSTEIN NR. 2: Meine Einstellung ist wichtiger als
   pädagogische Tricks..................................... 87
BAUSTEIN NR. 3: Wir müssen wissen, wofür wir leben 90
BAUSTEIN NR. 4: Wo ein Ziel ist, da ist auch ein Wille 91
BAUSTEIN NR. 5: Gleichen Sie Schwächen durch Stärken
   aus!... 94
BAUSTEIN NR. 6: Selbstbewusstsein entsteht durch
   Gewohnheiten... 98
BAUSTEIN NR. 7: Ich habe die Freiheit zu entscheiden,
   wie ich reagiere 100
BAUSTEIN NR. 8: Wir gehen mit dem Kind gemeinsam
   in den Konkurrenzkampf 102
BAUSTEIN NR. 9: Ich will mich aufrichten und meine
   göttliche Würde entdecken......................... 103
BAUSTEIN NR. 10: Verlieren Sie den Mitmenschen
   nicht aus dem Auge!................................... 105
BAUSTEIN NR. 11: Ich muss über mein Leben selbst
   bestimmen können..................................... 107
BAUSTEIN NR. 12: Ich baue meine Ängste ab 109

| Inhalt | 7 |

BAUSTEIN NR. 13: Ich will mich nicht vergleichen! 111
BAUSTEIN NR. 14: Ich baue mein übertriebenes
  Leistungsdenken ab! 113
BAUSTEIN NR. 15: Ich bete um Kraft und lerne, mich
  durchzusetzen 117
BAUSTEIN NR. 16: Ich darf mich annehmen – wie ich bin 118
BAUSTEIN NR. 17: Ich kann mich entscheiden 120
BAUSTEIN NR. 18: Ich will Zufriedenheit lernen 121
BAUSTEIN NR. 19: Ich ändere meine Gesinnung 123
BAUSTEIN NR. 20: So, wie ich bin, bin ich gut genug 126
BAUSTEIN NR. 21: Die Vergebung stärkt meinen
  Selbstwert 128
BAUSTEIN NR. 22: Gott ist größer als unsere Selbst-
  anklagen 131
BAUSTEIN NR. 23: Der Selbstwert wächst, wenn Sie Gott
  die Ehre geben 133
BAUSTEIN NR. 24: Ich bin dein Kind! 135

Anmerkungen und Literaturhinweise 139

Vorwort

«**Ich mag mich nicht leiden!**»
«**Wenn ich mich mit anderen vergleiche,
finde ich mich nicht liebenswert!**»
«**Ich kann einfach nicht mithalten!**»

Diese Äußerungen sind beileibe keine Einzelstimmen. Selbstwertstörungen gehören zu den verbreitetsten Problemen junger und auch älterer Menschen. Diese Störungen untergraben das Selbstvertrauen und blockieren das Selbstbewusstsein. Den Menschen fehlt Selbstsicherheit, und sie bleiben daher weit hinter ihren Fähigkeiten und Möglichkeiten zurück.

In vielen wissenschaftlichen Untersuchungen, die in Amerika und den westlichen Ländern gemacht wurden, ergab die Auswertung, dass 83 Prozent der befragten Frauen ein schlechtes Selbstwertgefühl in sich tragen. Die Zahlen verdeutlichen, dass unzählige Menschen – vor allem Frauen und Mädchen – kein psychisches Wohlbefinden signalisieren. Sie leiden an sich und sind mit ihrem Dasein unzufrieden.

Um das Selbstwertgefühl der Männer sieht es statistisch gesehen etwas besser aus. Aber viele überspielen ihre Schwächen, geben sich selbstbewusst und trumpfen auf.

Ein typisches Seelsorgegespräch aus der Beratungspraxis bringt es auf den Punkt:

«Ich komme zu Ihnen als Christ, aber glücklich und zufrieden bin ich nicht. Mein Mann behandelt mich wie ein kleines Kind. Ich fühle mich nicht ernst genommen von ihm. Auch in der Firma habe ich Schwierigkeiten. Manchmal habe ich den Eindruck, die Kollegen und Chefs können mit mir machen, was sie wollen. Ich fühle mich ihnen nicht gewachsen. Ich fühle mich minderwertig. Überall komme ich zu kurz und kann mich schlecht durchsetzen. Wie kriege ich mehr Selbstbewusstsein?»

Die Folgen von Selbstwertstörungen machen sich bei Frauen und Männern auf allen Gebieten bemerkbar:

- Sie glauben nicht an sich.
- Sie stellen das Zusammengehörigkeitsgefühl mit anderen in Frage.
- Sie können sich in der Ehe und im Alltag schlecht durchsetzen.
- Sie verkaufen sich im Arbeitsleben unter Preis.
- Sie reagieren depressiv oder flüchten in Selbstmitleid.
- Sie erleben sich einsam und unverstanden.
- Sie sind mit sich und ihrem Leben unzufrieden.

Das Buch, das Sie hier in den Händen halten, will Wege zur Selbsthilfe aufzeigen und Anregungen bieten, diesen Selbstwertstörungen wirkungsvoll entgegenzutreten. Es enthält:

– handfeste Schritte, Minderwertigkeitsgefühlen und Selbstwertstörungen effektiv zu begegnen;
– Selbsterforschungsfragebögen, die die Probleme genau analysieren;
– konkrete Anregungen, wie Sie Ihr Selbstbewusstsein stärken können;
– Anregungen für positive Glaubensschritte, um zu lernen, sich besser anzunehmen.

Niemand muss ein Leben lang mit Selbstunsicherheiten herumlaufen.

Niemand muss sich mit niederdrückenden «Selbsteinreden» abfinden.

Jede und jeder kann aktiv gegensteuern und ihren/seinen Selbstwert stärken.

Jede und jeder kann falsche Schlüsse und irrige Überzeugungen hinter sich lassen.

Jede und jeder kann mit Gottes Hilfe sich selbst annehmen und Ängste und Minderwertigkeitsgefühle abbauen.

Der Glaube ist zusätzlich eine *Basis*, die den Selbstwert stärkt.
Der Glaube ist eine *Kraft*, die Leib, Seele und Geist erfüllt.
Der Glaube ist eine *Zuversicht*, die den Lebensmut festigt.
Der Glaube ist eine *Perspektive* für heute, für morgen und für die Ewigkeit.

Wenn Sie an den Hilfen *zweifeln*, passiert nichts.
Wenn Sie *zögern*, bleibt alles beim Alten.

Ich möchte Ihnen Mut machen, die Anregungen und Denkanstöße auszuprobieren. Wer wagt, gewinnt. Sie können emotional und geistig gesunden. Wenn Sie ehrlich von einigen Bausteinen überzeugt sind, nehmen Sie sie ernsthaft ins Gebet und in Angriff.

Reinhold Ruthe

Kapitel 1: Der Lebensstil des Selbstwertbewussten

Der Begründer der Gestalttherapie, Frederick Perls, hat in knappen Sätzen formuliert, was eine Persönlichkeit mit Störungen und Krankheiten von einer gesunden Persönlichkeit unterscheidet:

«Der Verrückte sagt: ‹Ich bin Abraham Lincoln!› (Der ehemalige Präsident der Vereinigten Staaten).
Der Neurotiker sagt: ‹Ich wollte, ich wäre Abraham Lincoln!›
Der Gesunde sagt: ‹Ich bin ich, du bist du!›»[1]

Die selbstwertstarke und gesunde Persönlichkeit muss sich nicht herausstreichen.

Der *Gesunde* muss nicht mehr sein, als er ist.

Der *Gesunde* muss sich nicht größer, stärker und bedeutender machen.

Der *Gesunde* ist mit sich zufrieden.

Der *Gesunde* muss sich nicht ständig mit anderen Menschen vergleichen.

Der *Gesunde* ruht in sich.

Der gesunde Mensch, der sich akzeptiert, der seine Gaben und Fähigkeiten für ausreichend hält, denkt und handelt gelassen. Er überschlägt sich nicht und strebt nicht nach oft unerreichbaren Zielen.

Ich fühle mich im Leben wohl

Die gesunde Persönlichkeit ruht in sich. Sie ist innerlich nicht zerrissen und stimmt mit sich überein. Der Lebensstil zeigt auch Schwächen und Defizite, die aber die Zuversicht, dem Leben gewachsen zu sein, nicht belastend einschränken.

Der Lebensstil ist die Summe meiner Erfahrungen, die ich im Leben gemacht, ausgewertet und angewendet habe.
Der Lebensstil spiegelt meine biologische, psychologische und geistliche Entwicklung wider, die ich in jungen Jahren erlebt habe.
Der Lebensstil spiegelt mein Denken, Fühlen und Handeln wider.
Der Lebensstil spiegelt meine Stärken und meine Schwächen wider.

Habe ich im Elternhaus, im Kindergarten und in der Schule positive Erfahrungen gemacht,

- wurde ich *akzeptiert*,
- wurde ich *angenommen*,
- wurde ich *geliebt*,
- wurde ich *gefördert*,
- wurde ich *ermutigt*,
- wurde mir *vertraut*,

dann entwickle ich in der Regel

- einen positiven *Selbstwert*,
- ein gesundes *Selbstvertrauen*,
- ein starkes *Selbstbewusstsein*,
- eine gute *Selbsteinschätzung*.

Mein Selbstwert gibt mir Selbstvertrauen

Ich kenne meine Schwächen, meine Fehler, aber mein gesunder Selbstwert – der Umstand, dass ich mich selbst als wertvoll einschätze – gibt mir Selbstvertrauen. Ich mag mich leiden, ich stelle mich den verschiedensten Problemen, die auf mich zukommen. Ich übernehme auch die Auf-

1. Der Lebensstil des Selbstwertbewussten

gaben, die mir aufgetragen werden. Der Verantwortung weiche ich nicht aus. Allen Anforderungen des Lebens begegne ich mit Zuversicht. Es gelingt mir auch, den anderen und mir selbst nichts vorzumachen. Ich führe ein weitgehend ausgeglichenes Leben und lebe nicht mit mir im Bürgerkrieg. Meine Fehler, Defizite und Schwächen kenne ich, ich muss sie nicht überspielen und verdrängen.

Der Mensch, der ein gesundes Selbstbewusstsein besitzt, lässt sich nicht die Butter vom Brot nehmen, stürzt nicht panikartig in grausame Ängste und verkriecht sich nicht ins Mauseloch, wenn Menschen ihm widerstehen. Der selbstwertstarke Mensch bleibt ruhig, weil er seinen Gaben und Fähigkeiten vertraut.

- Er muss sich nicht *über*arbeiten, weil er weiß, dass er genügt.
- Er muss sich nicht *über*fordern, weil er weiß, dass seine Leistung gewürdigt wird.
- Er muss nicht *über*legen reagieren, weil er mit dem, was er hat, zufrieden ist.

Auch im Glauben an Gott lebt der Selbstbewusste getrost und zuversichtlich.

- Er weiß, er wird von Gott geliebt.
- Er weiß, er wird in seinem Sosein akzeptiert.
- Er weiß, er muss keine moralischen Höchstleistungen bringen, um Gott zu gefallen.
- Er weiß, Christus ist für ihn gestorben und hat ihn erlöst.
- Er weiß dies alles und glaubt es, und diese Gewissheit schenkt ihm den inneren Frieden.

Einen Menschen mit einem immer ausschließlich positiven Selbstwertgefühl wird es kaum geben. Überall im Leben können sich Minderwertigkeitsgefühle, Selbstwertstörungen und Ängste verschiedenster Art einschleichen, die das positive Selbstwertgefühl beeinträchtigen.

Entscheidend ist, dass der Mensch mit einem vorwiegend positiven Selbstwertempfinden vor vielen Problemen des Lebens bewahrt bleibt.

- Er hat im Allgemeinen weniger Arbeitsprobleme, weil er seinen Gaben vertraut.
- Er hat meist weniger Beziehungsprobleme, weil er nicht durch Minderwertigkeitsgefühle, Hemmungen und Ängste belastet ist.
- Er hat weniger Glaubensprobleme, weil er sich geliebt weiß und Gott nicht mit Selbstzweifeln und Misstrauen begegnet.
- Er hat weniger Gesundheitsprobleme, weil Seele, Leib und Geist weitgehend im Gleichgewicht sind.
- Er begegnet allen Schwierigkeiten und Lebensproblemen gelassener und zuversichtlicher.

Mein Selbstwert und mein Urvertrauen

Ein gesundes Selbstwertgefühl hat mit Vertrauen zu tun. Wer als Kleinkind Vertrauen zur Mutter gehabt hat, entwickelt normalerweise

– Vertrauen zu sich selbst,
– Vertrauen zum Leben,
– Vertrauen zu anderen Menschen und
– Vertrauen zu Gott.

Erschüttert die Mutter das Vertrauen des Kindes, ist sie unsicher, verzweifelt, selbst resigniert und unglücklich, dann überträgt sie diese Gefühle ungewollt auf das Kind. Das Kind spiegelt diese Lebenseinstellung wider.

Der Therapeut Erik Erikson spricht von Urvertrauen, das gesunde, selbstvertrauende Kinder getankt haben. Urvertrauen ist das Gefühl,

- ich kann mich auf die Eltern verlassen;
- ich schenke dem Leben und der Welt Vertrauen;
- ich habe Lust, meine Gaben und Fähigkeiten auszuprobieren;
- ich habe kein Problem, dem Schöpfer des Himmels und der Erde zu vertrauen.

Mangelndes Urvertrauen belastet das Selbstwertgefühl. Es engt die Freude, das Leben in Angriff zu nehmen, und den Lebensmut ein. Mangelndes Urvertrauen schürt eine Urangst im Menschen. Das Kind fühlt sich kontrolliert, beobachtet und beurteilt. Alfred Adler benutzte einen militärischen Begriff für den Zustand des Kindes. Er schrieb, wenn der Lebensmut des Kindes eingeengt würde, litte es oft an der «Aufmarschbreite». Ihm fehle die Energie, um den Aufgaben des Lebens gewachsen zu sein.

Wird das Kind dagegen ernst genommen, geachtet und respektiert, dann lernt es auch, sich selbst zu respektieren, gewinnt Urvertrauen und hat Kraft, den Anforderungen der Gegenwart mutig zu begegnen. Urvertrauen, das Kinder im Elternhaus getankt haben, ist die beste Grundlage für eine tragfähige und vertrauensvolle Gottesbeziehung.

Die positive oder negative Erziehung

Die Hauptfunktion der Erziehung besteht darin, das Kind an die Normen, Vorschriften und Regeln des Erwachsenenlebens heranzuführen. Es handelt sich dabei

- um allgemein gültiges Wissen;
- um Regeln, die das Zusammenleben ermöglichen;
- um Prinzipien der körperlichen Hygiene und um Tischsitten;
- um allgemeines Benehmen und Triebverzicht;
- um die Verinnerlichung ethischer Forderungen.

Für die Gewissensbildung ist es unerlässlich, dass das Kind den tiefen Sinn der Forderungen begreift. Es übernimmt die

Gebote und Verbote am leichtesten, wenn es sich mit den Eltern und ihren Vorstellungen identifiziert. Wenn das kleine Kind gegen seinen Willen gebadet, gewickelt oder gefüttert wird, erlebt es eine Behinderung seiner Freizügigkeit. Es wehrt sich instinktiv. Kein Frage, dass sich viele Erzieher dadurch provozieren lassen. Sie werden ärgerlich, schimpfen, werden ungehalten und zeigen keine Liebe mehr. Das Kind lernt, dass es mit den Forderungen der Erwachsenen nicht übereinstimmt. Das Gesicht, das nicht mehr lächelt, und die Stimme, die forscher und frecher klingt, sind ein Hinweis darauf, dass etwas zwischen beiden Parteien nicht mehr in Ordnung ist. Das Kind lernt: Du musst dich so verhalten, dass Ärger und Unzufriedenheit schwinden und wieder ein Lächeln im Gesicht der Erwachsenen erstrahlt. Die Erwachsenen müssen deshalb lernen, nicht bei kleinsten Verstößen des Kindes aus der Haut zu fahren, ihre Kontrolle zu verlieren und das Kind damit zu verunsichern. Das Kind muss immer spüren, dass es geliebt wird, auch wenn es «böse» ist.

Sehen Eltern ihr Kind als *Eigentum*, das sie beherrschen können, entwickeln sich im Kind Abwehr, Rebellion und Trotz oder Unterwürfigkeit; dies sind alles Muster, die das Selbstwertgefühl einschränken.

Nur wenn sich das Kind von den Erwachsenen bedingungslos angenommen fühlt, kann es Selbstvertrauen entwickeln. Diese Voraussetzung wird von selbstbezogenen Eltern kaum erfüllt.

Sie wollen, dass

– sich das Kind fügt;
– das Kind ihren Erwartungen entspricht;
– das Kind auf eigene Bedürfnisse und Wünsche verzichtet;
– sich das Kind unterordnet.

Eine egoistische Erziehung der Eltern hat zur Folge, dass sich im Kind bestimmte Rollenmuster herausbilden, die den Selbstwert häufig negativ beeinflussen. Wie kann das aussehen?

- Ein Kind wird zum *Opferlamm*.
- Ein Kind wird zum *großen Baby*.
- Ein Kind wird zum *Clown*.
- Ein Kind wird zum *Sündenbock*.
- Ein Kind wird zum *Schwarzen Schaf*.

Um von den Eltern anerkannt zu werden, wird das Kind eine dieser Rollen spielen. Damit es sich entweder durchsetzen oder sich rächen kann, hat es sich für solche Praktiken entschieden.

Ein gesundes Selbstwertgefühl fällt keinem in den Schoß

Keinem Menschen fällt ein gesundes Selbstvertrauen wie eine reife Frucht in den Schoß. Selbstwertfindung, das sagt schon der Begriff, ist ein Prozess. Selbstwertfindung vollzieht sich in mehreren Entwicklungsabschnitten. Wir selbst sind aktiv an der Gestaltung unserer Persönlichkeit beteiligt. Darin unterscheiden sich Mensch und Tier. Für mich steht fest: Aus einer ausgeschlüpften Taube wird automatisch eine Taube. Ob sich aber aus einem Säugling immer eine Persönlichkeit bildet, die ihrer menschlichen Bestimmung gerecht wird, bleibt fraglich.

In der Tat, der Mensch kann seiner Bestimmung untreu werden. Er kann an seiner Selbstwerdung Schiffbruch erleiden. Jeder Mensch ist das Produkt einer bestimmen Rasse, einer bestimmten Klasse, einer bestimmten Familie. Die soziale Stellung der Eltern hat mein Leben geprägt. Selbstverständlich bringe ich einige bestimmte Anlagen und Eigenarten mit. Ich habe einen bestimmten Wortschatz und besondere Begabungen. Ich bringe bestimmte Fähigkeiten mit, die ich erworben habe. Ich spiele verschiedene Rollen als Schüler, als Lehrling, als Soldat, als Student, als Kind in der Familie und in der Jugendgruppe. Ich bin in einem bestimmten Land geboren, in einer bestimmten Zeit. Ich werde durch die Epoche, durch die Staatsform und durch die Kirche geprägt. Tausend Einflüsse, tausend Faktoren, tausend Erlebnisse, tausend Erfahrungen geben meinem Leben Impulse.

Aber ich bin dabei nicht passiv und werde einfach von diesen Einflüssen geprägt. Ich erleide diese vielfältigen Einwirkungen nicht schicksalhaft. Im Gegenteil, ich bin aktiv an der Gestaltung meiner Persönlichkeit beteiligt. Ich verarbeite kreativ alle Erlebnisse. Ich mache Erfahrungen und baue sie in meinen Lebensstil ein. Aus alledem ziehe ich Schlüsse und Konsequenzen. Ich mache mir ein Bild von den Menschen, von der Welt und von Gott; aber dieses Bild und Weltbild kann völlig schief und verzerrt sein. Meine Schlüsse können falsch sein. Menschen sind in der Regel gute Beobachter, aber schlechte Interpreten.

Ein anderer Schwerpunkt der Persönlichkeitsbildung, der eng mit dem Selbstwert verknüpft ist, ist die Ich-Bildung. Die Ich-Bildung ist wie eine psychische Geburt und erfolgt normalerweise im zweiten bis dritten Lebensjahr. Das Ich verkörpert das Zentrum der Persönlichkeit. Ein starkes, ein schwaches, ein labiles oder selbstvertrauendes Ich spiegelt die unterschiedlichsten Charakterstrukturen wider. Ich-Bildung ist die Fähigkeit,

– sich von der Umwelt abzugrenzen,
– Nein zu sagen,
– selbständig und unabhängig zu werden,
– sich von Beziehungspersonen abzunabeln und
– sich von Bevormundungen zu lösen.

Ich-Bildung ist die Fähigkeit, Verantwortung für eigene Entscheidungen zu übernehmen. Ich-Bildung und Selbstfindung gehören zusammen. Wer über einen gesunden Selbstwert verfügt,

– pflegt Kontakte,
– ist beziehungsfähig,
– ist freundschaftsfähig,
– ist liebesfähig.

1. Der Lebensstil des Selbstwertbewussten

Tausende von Ereignissen und Wahrnehmungen, die das kindliche Gemüt registriert hat – bedrückende und bedrohliche Gefühle der Unterlegenheit, beschämende Gefühle, Machtlosigkeit, trotzige Empfindungen der Rebellion und der Abhängigkeit –, werden im Gehirn gespeichert und bleiben das ganze Leben lang abrufbereit. Später erinnern wir uns nicht an dieses Kind von damals, sondern wir *sind* es. Womöglich fühlen wir uns wieder nicht okay, und ein Leben lang hat der kleine, der heranwachsende und erwachsene Mensch damit zu tun, diese frühen Minderwertigkeitsgefühle zu überwinden. Er hat viele Möglichkeiten, damit umzugehen:

- Er kann sie *umgehen*.
- Er kann sie *kompensieren*.
- Er kann sie *widerlegen*.
- Er kann sie durch positive Erfahrungen *auslöschen*.

Die Schlussfolgerungen, die das Kind aus seinem Erleben zieht, werden für immer aufgezeichnet. Sie haben ein großes Durchhaltevermögen.

Wir handeln nach unseren Selbstporträts

Wir handeln im Sinne unserer Selbstwertvorstellungen.

Wir leben das, was wir von uns denken, von uns fühlen und von uns glauben.

Wir können auch von unserem Selbstbild, unserem Selbstporträt sprechen.

Jeder von uns trägt ein Selbstbild seines Lebens im Herzen. Alle Menschen, kleine und große, Jugendliche und Alte, haben eine Vorstellung von sich selbst. Dieses Selbstporträt, das wir in unserem Innern aufbewahren, kann positiv, negativ oder schwankend ausfallen. Der eine hat ein zuversichtliches und selbstvertrauendes Bild von sich, der andere ein abwertendes und selbstkritisches.

Entscheidend ist:

- Wir handeln nach unserem Selbstporträt.
- Wir gestalten unser Leben nach unserer Selbsteinschätzung.
- Wir leben das, was wir von uns halten.

Unsere zwischenmenschlichen Beziehungen, unsere Arbeitsleistung und unser Engagement in Kirche und Gemeinde hängen von diesem Selbstbild ab. Der Mensch ist das, was er von sich glaubt. Der Mensch ist das, was er glaubt, was Christus von ihm hält.

Hält er sich für unbegabt, dumm und wenig anziehend, *handelt* er unbewusst dumm und wenig anziehend. Wer *glaubt*, von Gott keine Gaben bekommen zu haben, kann sie auch nicht einsetzen.

Er *sieht* sie nicht.
Er *spürt* sie nicht.
Er kann sie auch nicht *realisieren*.

Immer geht es um den Satz, den schon der römische Kaiser und Philosoph Mark Aurel geschrieben hat:

«Nicht die Tatsachen bestimmen unser Leben, sondern wie wir sie deuten.»

Darum geht es.
Wie *deuten* Sie Ihr Leben?
Wie *handeln* Sie nach Ihrem Selbstporträt?
Wie *selbstwertstark* gehen Sie an alle Aufgaben heran?

Der selbstbewusste und selbstwertstarke Mensch hat eine tief verwurzelte Selbstsicherheit.

Er reagiert nicht *unsicher*, sondern in der Regel sicher.
Er reagiert nicht *unsachlich*, sondern in der Regel sachlich.
Er reagiert nicht *gehemmt*, sondern in der Regel selbstvertrauend.

Der selbstbewusste Mensch, der gesund und sachlich reagiert, muss nicht übertreiben, muss nicht ein gespieltes Selbstvertrauen zur Schau stellen.

Sechs Charakteristiken der selbstbewussten Persönlichkeit

Der Mensch mit einem guten Selbstbewusstsein begegnet allen Problemen und Schwierigkeiten des Lebens gelassener. Die positiven Aspekte dessen sind:

1. **Der Mensch schämt sich nicht, seine Meinung deutlich zu sagen.**
- Er äußert seine Wünsche und Erwartungen.
- Er stellt klar: «So bin ich, so fühle ich mich, so denke ich.»
- Er muss seine Bedürfnisse nicht verstecken aus Angst, nicht geliebt zu werden.

2. **Der Mensch kann mit anderen auf allen Ebenen kommunizieren.**
- Mit Freunden, mit Älteren, mit Angehörigen, mit Höhergestellten.
- Er ist offen, direkt, aufrichtig und kommuniziert angemessen.
- Er hat es nicht nötig, den *Überlegenen* zu spielen.
- Er hat es nicht nötig, den *Unterlegenen* herauszukehren.

3. **Der Mensch hat eine aktive Lebenseinstellung.**
- Dinge, die er will, strebt er auch an. (Passivität beinhaltet in der Regel Angst vor Entblößung; Angst, Entscheidungen zu treffen; Angst zu versagen.)
- Er versucht Ziele, die er sich gesetzt hat, zu erreichen.
- Er kann Fehler machen, ohne sein Selbstvertrauen zu verlieren.

4. **Der Mensch handelt so, dass er sich achtet.**
- Er akzeptiert seine Grenzen, verliert nicht die Selbstachtung.
- Er gibt sein Bestes, sieht sich niemals als Versager.
- Weil er sich achtet, kann er auch alle anderen achten.

5. Menschen mit Selbstbewusstsein leben im Einklang mit sich selbst.
- Sie führen keinen Bürgerkrieg mit sich. Ihr Realbild und ihr Idealbild von sich selbst klaffen nicht weit auseinander.
- Wer handelt, wie er denkt, hat Selbstbewusstsein.
- Wer selbstbewusst handelt, bewahrt sein Selbstwertgefühl.

6. Menschen mit Selbstbewusstsein können mit Kritik umgehen.
- Sie reagieren nicht völlig entmutigt und gekränkt.
- Sie können auf berechtigte Kritik verständnisvoll und auf unangebrachte Kritik standfest reagieren.
- Ihr gesundes Selbstbewusstsein bewahrt sie davor, sich zurückzuziehen oder den Herausforderungen des Lebens auszuweichen.

Selbstwert und Lebenssinn – Ein Selbsterforschungsfragebogen

1. Über den Tag hinweg fühle ich mich meist müde und abgespannt.	stimmt	1–2–3–4–5–6–7	stimmt nicht
2. Mein Leben erscheint mir im Großen und Ganzen langweilig.	stimmt	1–2–3–4–5–6–7	stimmt nicht
3. Der christliche Glaube gibt mir eigentlich weder Kraft noch Zuversicht.	stimmt	1–2–3–4–5–6–7	stimmt nicht
4. Meine täglichen Aktivitäten sind meist unbefriedigend.	stimmt	1–2–3–4–5–6–7	stimmt nicht
5. Ich erwarte von meinem Alltag, dass er routinemäßig verläuft.	stimmt	1–2–3–4–5–6–7	stimmt nicht
6. Wenn ich über das Leben nachdenke, fehlt mir der Sinn.	stimmt	1–2–3–4–5–6–7	stimmt nicht
7. Die Gemeinde, der ich angehöre, vermittelt mir keine Geborgenheit.	stimmt	1–2–3–4–5–6–7	stimmt nicht
8. Mein Leben war bisher völlig unproduktiv und sehr öde.	stimmt	1–2–3–4–5–6–7	stimmt nicht
9. Meine tägliche Arbeit bereitet mir überhaupt keine Freude.	stimmt	1–2–3–4–5–6–7	stimmt nicht

1. Der Lebensstil des Selbstwertbewussten

10. Ich wollte, ich wäre noch viel selbstbewusster.	stimmt	1–2–3–4–5–6–7	stimmt nicht
11. Ich habe keine Hobbys, die mir Freude machen.	stimmt	1–2–3–4–5–6–7	stimmt nicht
12. Ich habe keine klaren Ziele für mein weiteres Leben.	stimmt	1–2–3–4–5–6–7	stimmt nicht
13. Wenn mir tragische Dinge zustoßen, kommt mir das Leben sinnlos vor.	stimmt	1–2–3–4–5–6–7	stimmt nicht
14. Wenn ich über mein Leben nachdenke, kommt es mir nutzlos vor.	stimmt	1–2–3–4–5–6–7	stimmt nicht
15. Gegenwärtig fühle ich mich nicht gebraucht und nicht gewürdigt.	stimmt	1–2–3–4–5–6–7	stimmt nicht
16. Ich kann mich eigentlich fast nie von Herzen freuen.	stimmt	1–2–3–4–5–6–7	stimmt nicht
17. Mir gelingt es nicht, schnell mit Schwierigkeiten fertig zu werden.	stimmt	1–2–3–4–5–6–7	stimmt nicht
18. Gott hat mir nur sehr wenige Gaben gegeben.	stimmt	1–2–3–4–5–6–7	stimmt nicht
19. Meine Lebensumstände kommen mir vor, als ob ich in einer Falle säße.	stimmt	1–2–3–4–5–6–7	stimmt nicht
20. Wenn ich an meine Vergangenheit denke, bedaure ich vieles.	stimmt	1–2–3–4–5–6–7	stimmt nicht
21. Tief in meinem Innern fühle ich mich ungeliebt und nirgends geschätzt.	stimmt	1–2–3–4–5–6–7	stimmt nicht
22. Meine Probleme erscheinen mir unlösbar.	stimmt	1–2–3–4–5–6–7	stimmt nicht
23. Bei Gott fühle ich mich oft weder aufgehoben noch getröstet.	stimmt	1–2–3–4–5–6–7	stimmt nicht

Hilfen für die Auswertung

1. Der Selbsterforschungsfragebogen gibt Aufschluss über Ihren Lebenssinn und Ihren Selbstwert.
2. Die «1» auf der linken Seite der Skala bejaht die Aussage in vollem Umfang. Die «4» liegt in der Mitte. Sie können der Frage zustimmen. Sie können sich aber auch für das Ge-

genteil entscheiden, falls Sie das so empfinden, und eine Zahl zwischen 5 und 7 einkreisen.
3. Schauen Sie sich Ihre Antworten etwas genauer an. Was überwiegt – die Zustimmung zu negativen Aussagen oder die Ablehnung derselben? Welche Gesichtspunkte machen Sie froh, welche belasten Sie?
4. Sie können den Selbsterforschungsfragebogen auch von Ihrem Partner bzw. von einem Menschen, der Ihnen nahe steht, ausfüllen lassen. Wie sieht der andere Sie?

(Die Fragen sind in Anlehnung an den Test in «Psychologie heute», 6/1997, Seite 29, erstellt worden.)

Kapitel 2:
Der Lebensstil des Selbstwertgestörten

Zu einem richtigen Jahrmarkt gehört ein «Spiegelkabinett.» Die verschiedenen Spiegel verzerren die Bilder, die sie wiedergeben. Wenn wir hindurchgehen und von Spiegel zu Spiegel wandern, werden Gesicht, Körper und Gliedmaßen in die Länge gezogen, zu einem Klumpen zusammengepresst oder fratzenhaft entstellt. Im normalen Spiegel sehen Gesicht, Körper, Arme und Beine wirklichkeitsgetreu aus.

Manchmal kommt es uns so vor, als stünden wir im Spiegelkabinett. Wir haben nur noch ein verzerrtes Bild von uns und fragen:

- Was versteckt sich hinter der Fassade?
- Was verbergen wir hinter unserem Image?
- Welche Fragen, Selbstzweifel und Selbstunsicherheiten lauern hinter unserem freundlichen Lächeln?
- Wer bin ich?

Dabei kommt es gar nicht so sehr auf unsere psychische Verfassung in dem Moment an, denn jeder kann so fragen: Gesunde, Unsichere und psychisch Kranke.

- Sie fühlen ihren Selbstwert in Frage gestellt.
- Ihre Identität ist unklar.
- Sie besitzen ein verringertes Zusammengehörigkeitsgefühl.
- Ihr Selbstbewusstsein schwankt.
- Sie erleben sich einsam, verlassen und nicht verstanden.
- Sie sind mit sich und dem Leben unzufrieden.
- Sie vermissen den Sinn und einen Plan für die Zukunft.
- Sie leiden an sich, an den Mitmenschen und im Glauben an Gott.

Viele haben mit ihrem Selbstwert Schwierigkeiten. Sie leiden unter Selbstwertstörungen, unter Minderwertigkeitsgefühlen, unter Selbstunsicherheit und geraten in Lebenskrisen. Sie wünschen sich

- mehr Selbstvertrauen,
- mehr Selbstsicherheit,
- mehr Selbstbewusstsein,
- mehr Selbstverantwortung.

Selbstwertstörungen – wer ist besonders betroffen?

In über zweihundert Untersuchungen, die in Amerika und einigen westlichen Ländern gemacht wurden, ergab die Auswertung,

- dass in 83 Prozent der Befragungen Frauen ein schlechteres Selbstwertgefühl haben als Männer;
- dass sich die Zahlen in den letzten zwanzig Jahren kaum geändert haben;
- dass Frauen nach wie vor den Eindruck haben, sie müssten sich mehr als Männer anstrengen, um in Wirtschaft und Gesellschaft geachtet und anerkannt zu werden;
- dass Frauen auch dann noch mit Selbstwertstörungen reagieren, wenn sie bereits sehr gute Stellungen in Wirtschaft und Gesellschaft einnehmen.

Gewollte oder ungewollte Kinder

Der Selbstwert eines Kindes, sein Selbstvertrauen und seine Selbstsicherheit werden schon im Mutterleib mitbestimmt.
Dr. Buchholz, ein ehemaliger Generaldirektor eines Chemiekonzerns, schrieb in einer Zeitschrift:
«Ist uns klar, dass der Selbstwert eines Menschen bereits vor der Geburt, das heißt im Mutterleib, eine Rolle spielt? Die deutsche Bundeszentrale für gesundheitliche Aufklä-

2. Der Lebensstil des Selbstwertgestörten

rung vergab vor einiger Zeit einen Forschungsauftrag, der erhellen sollte, wie die Lebenschancen ungewollter Kinder im Vergleich zu gewünschten sind. Zwei Bremer Soziologen werteten 500 Studien aus und kamen zu dem Resultat, dass unerwünschte Kinder mit ‹großer Sicherheit› ihr Leben lang benachteiligt sind: Missbildungen, Verhaltensstörungen, verkümmerte Kontakt- und Lernfähigkeiten, Schulversagen. Im späteren Leben gipfelt das dann häufig in Kriminalität und Selbstmordneigungen. Ahnten diese Kinder bereits vor ihrer Geburt, dass sie für ihre Eltern keinerlei Wert hatten? Nach vorsichtigen Schätzungen der diese Untersuchung ausführenden Experten ist jedes dritte Kind, das in den Industriestaaten westlicher wie östlicher Prägung zur Welt kommt, unerwünscht.»[1]

Wenn jedes dritte Kind in den Industriestaaten ungewollt ist, welchen Einflüssen werden diese Kinder dann ausgesetzt? Was geht in ihnen vor, wenn sie bewusst erleben,

– dass sie im Wege stehen,
– dass sie die Karriere der Eltern behindern,
– dass sie das Lebensgefühl der Eltern erheblich beschneiden?

Ist es ein Wunder, wenn sie im Leben benachteiligt sind? Sind wir erstaunt, wenn sie sich rächen, wenn sie den Eltern und der Gesellschaft ihre Wertlosigkeit um die Ohren schlagen?

Was ist der Lebensstil?

Jeder von uns hat einen bestimmten Lebensstil.
 Jeder von uns hat eine bestimmte Art zu denken, zu fühlen und zu handeln.
 Jeder von uns hat bestimmte Lebensgrundüberzeugungen.
 Jeder von uns zeigt Reaktionsmuster, wie er mit Selbstwertstörungen umgeht, wie er sie erlebt und wie er das beurteilt, was sie aus ihm gemacht haben.

Folgende Charakteristiken sind typisch für Menschen mit Selbstwertstörungen.

Aspekt Nr. 1: Wie erlebt sich ein Mensch mit Selbstwertstörungen? Wie sieht er sich selbst?
- Er mag sich nicht leiden.
- Er traut sich nichts zu.
- Er fühlt sich entmutigt.
- Er glaubt nicht an sich.
- Er ist unzufrieden.
- Er glaubt nicht an die Zukunft.

Aspekt Nr. 2: Wie sieht der Selbstwertgestörte die anderen? Wie sehen die anderen ihn?
- Er vergleicht sich ständig mit anderen und findet andere hübscher, tüchtiger, ehrgeiziger.
- Mit anderen kann er nicht mithalten.
- Vermutlich erkennen die anderen in ihm seine Schüchternheit, seine Gehemmtheit, seine Unsicherheit und seine Minderwertigkeitsgefühle.

Aspekt Nr. 3: Wie sieht und erlebt der Selbstwertgestörte die Welt? Wie ist seine Gottesbeziehung?
- Er erlebt das Leben in der Welt als schwer, als belastend und bedrückend.
- Er zweifelt an Gottes Liebe, an Gottes Führung und an Gottes Beistand.
- Er fühlt sich häufig von Gott übersehen und nicht wert geachtet.

Aspekt Nr. 4: Welche «Strategie» verfolgt der Selbstwertgestörte?
- Er klagt das Leben, Gott und die Welt an.
- Er zieht sich in sein Schneckenhaus zurück, er vertraut der Welt nicht.
- Er macht Eltern, Erzieher und andere für sein Schicksal verantwortlich.
- Er unternimmt nichts, um aus den Beschränkungen seines Lebens herauszukommen.

2. Der Lebensstil des Selbstwertgestörten

- Er lässt sich hängen und erträgt unglücklich und unzufrieden sein Päckchen, das ihm auferlegt wurde.
- Auch das Gegenteil ist möglich: Er dreht auf, wird überehrgeizig und will mit Gewalt sein Minderwertigkeitsgefühl überspielen.
- Er muss aller Welt seine Tüchtigkeit beweisen.

Aspekt Nr. 5: Welche Einstellungs- und Verhaltensmuster benutzt der Selbstwertgestörte?

- Er klagt andere, Gott und die Welt an.
- Er versinkt häufig in Selbstmitleid.
- Er zieht sich zurück.
- Er überkompensiert, er verschafft sich einen Überausgleich, indem er etwas spielt und vortäuscht, was in Wirklichkeit nicht stimmt.
- Er wird möglicherweise zum Angeber und Hochstapler.
- Er läuft vergrämt, verbittert und enttäuscht durchs Leben.
- Er demonstriert anderen Menschen, wie schlecht es ihm geht.
- Oder er powert, wird arbeitswütig, setzt sich und andere unter Druck.
- Er will alle anderen überholen und übernimmt sich bald.

Insgesamt: Der Mensch mit Selbstwertstörungen ist kein glücklicher und zufriedener Mensch. Er belastet sich und die anderen und leidet möglicherweise an psychosomatischen Beschwerden und Krankheiten, die die unterschiedlichsten Organe beeinträchtigen. Der Selbstwertgestörte zieht häufig die falschen Schlüsse aus seiner Einstellung:

- Ich bin benachteiligt und kann daran nichts ändern.
- Ich bin bedauernswert; die meisten Menschen sind besser dran als ich.
- Ich bin von Gott dazu ausersehen, mein Kreuz, das er mir zugedacht hat, zu tragen.
- Ich bin dazu ausersehen, der Fußabtreter für Stärkere, Tüchtigere und Bevorzugte zu sein.
- Ich bin benachteiligt und leide an mir; aber ich werde allen Menschen zeigen, was in mir steckt.

Diese Schlussfolgerungen sind falsch. Das Tragische ist nur: Wer glaubt, dass sie wahr sind, der verhält sich entsprechend. Der wird seine Lebenseinstellung nicht verändern. Ihm geschieht, wie er glaubt.

Der Selbstwertgestörte, der sich *über*menschlich anstrengt, um nicht nur mithalten zu können, sondern auch besser, schneller, tüchtiger als andere zu sein, *über*nimmt sich. Er *über*fordert sich und bringt sich um sein Glück und um seine Zufriedenheit.

Der Mensch mit Selbstwertstörungen hält nichts von sich

Er fühlt sich klein, benachteiligt, zurückgesetzt und übersehen. Jetzt gibt es mehrere Möglichkeiten, die geglaubten Minderwertigkeitsgefühle auszugleichen. Die einen reagieren überaktiv, die anderen versuchen sich aufzuwerten.

Da ist Marina, eine junge Frau von 32 Jahren. Sie ist verheiratet, hat drei eigene Kinder und nimmt ständig kleine Kinder von Müttern, die ganztägig im Arbeitsprozess stehen, in Pflege. Nach einem Nervenzusammenbruch kommt sie in die Seelsorge. In der Nacht vor dem Besuch bei mir hat sie einen tiefgründigen Traum, den sie unbedingt loswerden will. Der Traum ist folgender:

«Ich will mich ins Bett legen, weil ich sehr müde und abgespannt bin. Aber die Tür steht keinen Augenblick still. Es klopft an der Tür. Oder die Türklinke geht quietschend herunter. Ich höre eine Stimme: ‹Kannst du mal kommen?› Es raschelt. Jemand schiebt einen Brief unter der Tür durch. Ich springe sofort aus dem Bett und schaue nach, wer mir mitten in der Nacht eine Nachricht schickt. Die Unruhe hört nicht auf. Die Türklinke bewegt sich schon wieder. Es steht bestimmt ein Kind vor der Tür, das irgendetwas will. Meine Nerven flattern, ich lasse das Kind rein. Und dann wache ich auf. Ich habe das Gefühl, keine Stunde geschlafen zu haben.»

2. Der Lebensstil des Selbstwertgestörten

Den Traum deute ich nicht. Ich frage die junge Mutter nach ihren eigenen Eindrücken. Und die treffen den Nagel auf den Kopf:

- Ich kann nicht Nein sagen.
- Ich kann mich nicht abgrenzen.
- Ich komme nicht zum Schlafen, weil ich mich Tag und Nacht beanspruchen lasse.
- Ich habe schreckliche Minderwertigkeitsgefühle. Ich will wenigstens eine gute Mutter sein.

Da haben wir den Kernpunkt.
«Ich habe Minderwertigkeitsgefühle. Ich will wenigstens eine gute Mutter sein.»

Minderwertigkeitsprobleme sind das Material, aus dem sich Selbstwertstörungen entwickeln. Minderwertigkeitsgefühle untergraben den Selbstwert. Sie verleiten auch zur Überkompensation.

Jemand mag sich nicht leiden. Entweder er kapituliert vor sich selbst, lässt sich gehen und bleibt unglücklich, oder er übertreibt in einer bestimmten Richtung, um wenigstens an einer Stelle des Lebens etwas Besonderes zu leisten.

Marina will «wenigstens eine gute Mutter sein». Sie übertreibt völlig. Sie will eine Supermutter sein, die zig Hände und Füße hat und vor Gott und den Menschen als «Heilige» dasteht. Marina sieht gut aus, aber sie glaubte ihrem Mann seine Versicherungen und Komplimente nicht. Sie ist überzeugt, er wollte sie nur beruhigen und hielt schon damals Ausschau nach attraktiveren Frauen.

Wenn sie an sich glauben würde, könnte sie auch Nein sagen.

Wenn sie an sich glauben würde, könnte sie sich abgrenzen.

Wenn sie ein gesundes Selbstwertgefühl besäße, würde sie liebevoll und fest überzeugt den Kindern Grenzen setzen. Und sie hätte ihrem Mann geglaubt, dass sie allen Aufgaben gewachsen ist.

Da sie aber *nicht* an sich glaubt, da ihr Selbstwert erheblich angekratzt ist, glaubt sie, die Liebe der Kinder zu verlieren, wenn sie nicht alles für sie tut und ihnen nicht in allem entgegenkommt.

Marinas Verhalten beruht nicht nur auf einem falschen Erziehungsverständnis. Ihr Verhalten demonstriert vor allem eine Selbstwertschwäche. Die Mutter weiß, dass sie falsch handelt. Aber ihre Angst, die Kinder könnten ihr nicht mehr gewogen sein, die Kinder könnten sich – wie ihr Mann – von ihr abwenden, das ist ihr größtes Problem.

Erschwerend kommt hinzu, dass ihr Mann sie vor zwei Jahren verlassen hat, weil sie klammerte und sich eifersüchtig und ängstlich an ihn fesselte. Auch da spielt ihr eine schwere Selbstwertstörung einen Streich. Sie hält sich

- für *nicht* liebenswert,
- für *nicht* attraktiv,
- für *nicht* ebenbürtig,
- für *nicht* gesellschaftsfähig.

Der Mann hatte eine Führungsposition in der Wirtschaft, musste mit seiner Frau an vielen Empfängen und Arbeitsessen teilnehmen. Und sie fühlte sich solchen gesellschaftlichen Verpflichtungen nicht gewachsen. Sie redete sich immer wieder mit Kopfschmerzen und «Unwohlsein» heraus. Im Grunde wurde die Frau vom Mann geliebt. Er war mit ihr zufrieden. Aber die Minderwertigkeitsgefühle und Selbstwertstörungen der Frau machten alles zunichte.

Ich nutze nun in den Gesprächen die Gelegenheit, ihr anhand der Kindererziehung zu verdeutlichen, dass eigentlich ihr schwaches Selbstwertgefühl für den Nervenzusammenbruch verantwortlich ist.

2. Der Lebensstil des Selbstwertgestörten

Welche fehlerhafte Grundeinstellung spiegelt Ihre Persönlichkeit wider?

Bei Selbstwertstörungen findet sich in der Regel bei jedem Menschen ein Kernmotiv, das häufig mit einem Wort oder mit einem Satz gekennzeichnet werden kann.

Dieses *Kernmotiv,*
dieses *Leitmotiv,*
dieses *typische Muster,*
dieses *Markenzeichen* kennzeichnet diesen Menschen und prägt im Wesentlichen seine Persönlichkeit.

Herr Lange, ein Beamter beim Finanzamt, hat den Spitznamen «Erbsenzähler». Nicht nur von Kolleginnen und Kollegen wird er so charakterisiert, sondern auch von der eigenen Familie und von der Gemeinde, die er besucht.

Er kam zur Beratung, weil er seit Jahren bei Beförderungen übersehen wurde. Mit mir wollte er überlegen, woran es lag, dass er regelmäßig bei Beförderungen ausgeklammert wurde. Wir kamen sehr schnell auf den Spitznamen «Erbsenzähler» zu sprechen. Und ich fragte ihn, ob er den Spitznamen akzeptieren könne. Etwas nachdenklich stimmte er zu, und wir trugen zusammen, was ihn kennzeichnete. Er zählte auf:

- Ich bin sehr langsam, aber auch sehr gründlich.
- Ich bin ein Perfektionist.
- Ich kann nicht fünfe grade sein lassen.
- Ich bin unerbittlich.
- Ich brauche für alle Vorgänge viel Zeit.
- Ich kann ausfallend und unsachlich werden, wenn man mich nicht ernst nimmt.

Er hatte sich zweimal mit Kollegen gestritten, und es war zu handfesten Auseinandersetzungen gekommen. In der Personalakte standen Abmahnungen. Im Amt machte er Überstunden, Arbeit nahm er mit nach Hause, um einigermaßen das Pensum der Kollegen zu schaffen.

Als wir alle Aspekte des «Erbsenzählers» ruhig und vernünftig besprochen hatten, sagte er von sich selbst:
«Wenn ich Chef wäre, würde ich einen solchen Mann auch nicht befördern. Er bremst alle Abläufe, ist sehr unzufrieden mit sich selbst und anderen und ist im Prinzip ein unangenehmer Zeitgenosse.»
Es gelang in einer Reihe von Gesprächen zu bewirken, dass er nicht mehr gegen sich selbst zu Felde zog und sich mit seinen Stärken und Schwächen anzunehmen lernte. Er konnte auch seine Selbstvorwürfe und Selbstanklagen reduzieren.

Wenn es sich um negative Persönlichkeitsbeschreibungen handelt, spiegeln deren typische Verhaltensmuster die Selbstwertstörungen wider. Andere Beispiele sind:

- Ich bin das Aschenputtel der Familie.
- Ich bin der Fußabtreter in der Firma.
- Ich bin die graue Maus in der Gruppe.
- Ich bin ein ewiger Pechvogel.
- Ich gerate immer wieder in die Rolle des Schuldigen.

Selbstverständlich geben solche kurzen Beschreibungen nicht alle Facetten der Persönlichkeit wieder. Aber

– sie charakterisieren das Leitmotiv des Handelns,
– sie charakterisieren die Grundüberzeugung des Lebens,
– sie charakterisieren die Selbstwertstörungen der Persönlichkeit.

Je mehr sich der Mensch diese negativen Einstellungen bewusst macht, desto eher kann er ihnen begegnen. Schließlich handelt es sich in der Regel um Selbsteinreden und Selbstindoktrinationen. Schenken Sie diesen Selbsteinreden Glauben, werden Sie sich im Sinne dieser Überzeugungen durchs Leben bewegen.

- Der Mensch ist das, was er von sich hält.
- Der Mensch ist das, was er von sich glaubt,
- Der Mensch lebt das, was er sich einredet.

Wie können Sie den fehlerhaften Grundeinstellungen begegnen?

Wie können Sie diese destruktiven Selbsteinreden abbauen?
Greifen wir ein Beispiel heraus:
«Ich bin das Aschenputtel der Familie.» Einige konkrete Schritte können helfen, den negativen Prozess zu stoppen.

Schritt Nr. 1: Sie stellen sich einige Fragen.
- Stimmt es wirklich, dass ich das Aschenputtel der Familie bin?
- Was habe ich gemacht, dass ich zum Aschenputtel geworden bin?
- Bevor ich andere beschuldige, suche ich meinen eigenen Anteil. Und wie lautet der?
- Was habe ich gemacht, dass alle Arbeit und alle Verantwortung an mir hängen geblieben ist?
- In welcher Weise trage ich dazu bei, dass sich Partner und Kinder gekonnt drücken?
- Was tue ich, dass Partner und Kinder das verantwortungslose Leben fortsetzen können?
- Was muss *ich* ändern, damit das Familienleben umstrukturiert wird?

Schritt Nr. 2: Sie unterlassen es, die Schuld nur bei den anderen zu suchen.
- Weder Sie selbst noch Partner oder Kinder sind in der Regel allein schuld.
- Schuldvorwürfe verschlimmern die Spannungen.
- Schuldvorwürfe lösen keine Konflikte.
- Schuldvorwürfe werden in der Regel mit Gegenvorwürfen beantwortet.
- Kämpfe in der Familie lösen keine Probleme. Schauen Sie sich als Betroffener Ihren Part an und überlegen Sie, was Sie selbst ändern können. Wenn Sie sich ändern, können die andern nicht bleiben, wie sie sind. Das ist ein therapeutischer Kernsatz.

Schritt Nr. 3: Sie machen sich klar, wozu Sie dieses Aschenputtel-Verhalten eintrainiert haben.
Viele Muster in unserem Leben haben mit unserer Entwicklung zu tun. Unsere Muster spiegeln unsere geheimen Wünsche und Motive wider. Deshalb lauten einige Fragen:

- Tue ich alles, um geliebt zu werden?
- Habe ich den Eindruck, ich bin nur etwas wert, wenn ich dauernd für andere zur Verfügung stehe?
- Bin ich der Überzeugung, eine Mutter muss sich für die Familie einseitig aufopfern?
- Habe ich ein Vorbild gehabt, das mir diese Rolle vorgelebt hat?
- Bin ich der Meinung, ich muss diese Rolle bedingungslos ausfüllen?
- Glaube ich fest, dass Gott mir diese Rolle zugedacht hat?
- Fürchte ich, wenn andere Familienmitglieder auch Verantwortung übernehmen, dass ich dann weniger geliebt und geachtet werde?
- Habe ich Angst, dass der Sinn des Lebens, mich für andere aufzuopfern, in Frage gestellt wird?

Wenn Sie einen Teil der Fragen mit Ja beantworten, werden Sie mit großer Sicherheit keine Kurskorrektur in der Familie erreichen. Sie identifizieren sich mit der Aschenputtelrolle, so dass eine Änderung kaum eine Chance hat.

Schritt Nr. 4: Wenn Sie eine eindeutige Entscheidung getroffen haben, teilen Sie diese Ihrer Familie mit. (Aber bitte nicht vorher darüber reden!)
- Sie wissen, was Sie nicht mehr tun wollen.
- Sie wissen jetzt, was Sie ganz sicher unterlassen werden.
- Sie wollen keine Revolution, sondern eine Verbesserung Ihrer Familienstruktur.
- Sie wollen nicht alles ändern, sondern eine Korrektur, die Ihr Leben erleichtert.
- Sie tun es, um Ihr Selbstwertgefühl zu stärken.
- Sie tun es, um sich in der Familie gleichwertig zu fühlen.

2. Der Lebensstil des Selbstwertgestörten

- Sie tun es, weil Ihre Zufriedenheit auch Ihrer Familie zugute kommt.

Selbstwertstörungen – Ein Fragebogen

Wie äußern sich Ihre Selbstwertstörungen? Welche Selbstzweifel beunruhigen Sie?

	stimmt nicht	stimmt etwas	stimmt völlig
Ich habe eine pessimistische Grundeinstellung zu mir und zu anderen.			
Ich will jemand sein und werden und konkurriere mit anderen.			
Ich habe wenig Vertrauen in die eigenen Fähigkeiten und entwerte mich.			
Ich will mich als Mann oder Frau durch sexuelle Eroberungen oder Praktiken beweisen.			
Ich lebe nicht in der Gegenwart, schaue auf die Vergangenheit, träume von der Zukunft.			
Ich bin ständig sehr gereizt und beeinträchtige damit meine Liebe zu den Mitmenschen.			
Ich reagiere leicht mit Zorn, um mich vor persönlicher Kränkung zu schützen.			
Ich kann schlecht Lob annehmen. Ich glaube dem anderen nicht.			
Ich habe eine schlechte Meinung von mir und lasse mich leicht unterdrücken.			
Ich habe große Angst, allein zu sein.			
Ich habe große Angst, verlassen zu werden.			

Hinweise für den Fragebogen

1. Füllen Sie den Bogen ohne lange Überlegungen aus.
2. Wie oft haben Sie «stimmt völlig» angekreuzt?

3. Welche Aussage beunruhigt Sie am meisten?
4. Auf welchem Gebiet machen sich die Störungen am ehesten bemerkbar?
   In der Ehe?
   In der Familie?
   Im Glauben?
   Im Arbeitsleben?
5. Möchten Sie an den Schwachstellen Ihres Selbstwertes arbeiten?
6. Sind Sie bereit, mit einem Berater oder Fachseelsorger Gespräche zu führen?
7. Möchten Sie die Schwachstellen Ihrer Persönlichkeit ändern?
8. Was sagt ein möglicher Partner oder eine Partnerin zu Ihren Schwächen?
9. Hält er oder sie eine Kurskorrektur für angebracht?

Kapitel 3:
Einige konkrete Störungen des Selbstwertes

Ein guter Selbstwert und ein starkes Selbstbewusstsein fehlen bei Millionen von Menschen. Viele werden
... von Selbstwertproblemen,
... von Minderwertigkeitsgefühlen,
... von Enttäuschungen und Lebenskrisen,
... von seelischen Verletzungen und
... von irrealen Ängsten und Einbildungen
heimgesucht, die das Selbstwertgefühl einschränken.

Störung Nr. 1: Die Beziehungen sind belastet

Mangelndes Selbstbewusstsein kann sich in Minderwertigkeitsgefühlen niederschlagen. Der Mensch ist mit sich und der Umwelt uneins. Selbstwertstörungen torpedieren eine gleichwertige Partnerschaft und alle zwischenmenschlichen Beziehungen. Selbstwertstörungen blockieren also eine harmonische Ich-Du-Beziehung.

Auch Eltern und Geschwister haben bestimmte Glaubens- und Wertvorstellungen praktiziert. Das können ganz bürgerliche Werte oder biblische Glaubensüberzeugungen gewesen sein. Die Familienangehörigen können entweder mit ihnen übereinstimmen oder sie als fromme Fassaden vor sich hertragen. Mit anderen Worten, sie sind mit der tatsächlichen, eigenen Lebenseinstellung nicht identisch.

Diese positiven oder negativen Einstellungen sind Anreize für mein Wertebewusstsein. Sie können die Grundlagen für meine Meinung übers Frausein und Mannsein bilden. Diese Einstellungen sind auch Anschauungsmodelle für meine

Meinung über Liebe, über Ehe, über Sex, über Partnerschaft, über Gleichberechtigung, über Emanzipation, über Väterlichkeit, über Mütterlichkeit.

Je nachdem, welche Überzeugung wir übernehmen, welche Botschaften wir uns einverleiben, welche Einstellungen wir für uns anerkennen, fördert oder stört dies meine Identität. Die Lebensüberzeugungen der Eltern können fanatisch oder gleichgültig, echt oder unecht, krumm oder gradlinig, großzügig oder gesetzlich, heuchlerisch oder wahrhaftig gelebt werden. Diese Familienwerte sind Vorlagen für die eigene Überzeugung. Dabei bleiben wir jedoch relativ frei, um eigene Konsequenzen zu ziehen. *Wir* beobachten nämlich, und *wir* entscheiden. Wir prüfen, und wir ziehen Schlussfolgerungen.

Der Lebensstil ist wie die Leitmelodie eines Musikstückes. In jedem Satz kehrt die Leitmelodie wieder. Jeder hat seinen ihn kennzeichnenden Lebensstil. So einmalig der Mensch in seinem äußeren Erscheinungsbild von Gott erschaffen wurde, so einmalig ist auch sein Lebensstil. Es gelingt keiner Therapie, alle Facetten dieses subjektiven Lebensstils auszuleuchten. Man kann sagen, dass Kinder bis zum zehnten Lebensjahr diesen Lebensstil schon weitgehend kreiert haben. Die zentralen Lebensüberzeugungen, die Grunderfahrungen liegen bis dahin fest. Selbstverständlich sind sie bis ins hohe Alter korrigierbar. Aber nur einschneidende Erlebnisse und lebensverändernde Begegnungen, seelsorgerliche oder therapeutische Eingriffe rufen solche Lebensstilkorrekturen hervor.

Minderwertigkeitsgefühle und Hemmungen, Selbstunsicherheit und Ängste schränken meine Beziehungsfähigkeit ein.

- Ich traue mich nicht, auf den anderen zuzugehen.
- Ich habe Angst, mich zu blamieren.
- Ich fühle mich klein, unattraktiv und unsicher.
- Ich ziehe mich zurück.

3. Einige konkrete Störungen des Selbstwertes

- Ich wage nicht, mich zu behaupten.
- Ich kann schlecht Nein sagen.
- Ich verkaufe mich unter Preis.
- Ich halte die anderen für tüchtiger und intelligenter.

Störung Nr. 2: Angst

Jeder Mensch hat von Gott eine gesunde Portion Angst in sein Leben einprogrammiert bekommen. Angst ist eine Grundbefindlichkeit des Menschen.

- Sie soll uns vor Gefahren schützen.
- Sie soll uns vor Leichtsinn bewahren.
- Sie soll uns anregen, Vorsorgeuntersuchungen wahrzunehmen und Krankheiten vorzubeugen.

Es gibt allerdings normale Ängste und übertriebene Befürchtungen. Ein schwaches Selbstwertgefühl hat häufig mit Angst zu tun. Angst ist der Schlüssel für die gesamte Psychopathologie, für alle seelischen Störungen und Erkrankungen. *Die* Angst gibt es nicht. Es gibt nur verschiedene Ausdrucksformen der Angst.

- Angst, nicht zu genügen.
- Angst vor anderen Menschen.
- Angst vor starken Persönlichkeiten.
- Angst, bestimmten Aufgaben nicht gewachsen zu sein.
- Angst zu versagen.
- Angst, nicht geliebt zu werden.
- Angst, von Gott übersehen zu werden.

Das Lebensrezept aller Menschen mit Angstproblemen heißt: Vermeidung der Angst auslösenden Situationen!

- Ich kaufe mit dem Katalog billiger und unkomplizierter zu Hause ein (und muss mich nicht ins Gedränge des Warenhauses begeben).

- Ich laufe lieber die Treppen rauf und runter, das ist gesünder (und ich muss mich nicht in den engen Aufzug quetschen).
- Ich hätte gern die Einladung zum Essen angenommen, aber heute muss ich die Steuerklärung für das Finanzamt machen (und muss nicht Seite an Seite mit X und Y sitzen).

Es handelt sich um einleuchtende Erklärungen, aber ich benutze sie, um auf Grund von Selbstwertstörungen bestimmten Ängsten aus dem Wege zu gehen.

In der Regel wird Angst *benutzt*,

– um vor Schwierigkeiten im Leben zu fliehen,
– um sich zu drücken,
– um sich nicht zu blamieren,
– um sich zu schützen,
– um der Verantwortung auszuweichen.

Wenn Sie mit starken und übertriebenen Ängsten reagieren, was wollen Sie damit erreichen? Was bezwecken Sie mit – meist unbewussten und unverstandenen – Ängsten? Was sind die Konsequenzen der starken Angstreaktionen in Ihrem Leben? Eine therapeutische Regel lautet: «Sagen Sie mir, was die Umgebung tut oder was Sie vermeiden, und ich sage Ihnen, was Sie mit Ihrer Angst bezwecken wollten.»

Störung Nr. 3: Traumatische Erlebnisse

Was sind traumatische Erlebnisse?

Traumatische Erlebnisse sind Situationen, in denen Menschen von Ereignissen überrascht werden, die den Betroffenen durch das plötzliche Auftreten in einen Angst-Schreck-Schock-Zustand versetzen.

Man unterscheidet sehr genau zwischen einem «normalen» späteren Verlauf und einem «krankhaften» Reaktionsverlauf. Eine normale Entwicklung beinhaltet, dass das

3. Einige konkrete Störungen des Selbstwertes

Trauma-Opfer mehr oder weniger ungestört sein Leben fortsetzen kann.

Der «krankhafte» Reaktionsverlauf kann anderes beinhalten:

- Es bleiben bestimmte Persönlichkeitsstörungen zurück.
- Es treten anfallartige Panikattacken auf.
- Es bleiben Unruhe und Depressionen.
- Es bilden sich selbstverletzende Verhaltensmuster.
- Die Opfer bevorzugen die Isolation.

Zu den traumatischen Erlebnissen zählen:

- Tiefe Kränkungen.
- Schwere Schockerlebnisse wie Vergewaltigungen oder Unfälle.
- Jahrelanger sexueller Missbrauch.
- Jahrelanger seelischer Missbrauch.

Der Mensch fühlt sich ausgeliefert, entwürdigt, verletzt und preisgegeben. Besonders Kinder werden Opfer schwerer Misshandlungen, starker Vernachlässigung und sexuellen Missbrauchs. Verstand und Gefühl werden dabei massiv erschüttert.

Viele Kinder erleben später «Flashbacks». Es handelt sich um so genannte «Filmszenen», die sich im Gehirn abspielen, wenn bestimmte Farben, Gerüche, Geräusche oder Bewegungen, die an die traumatischen Erlebnisse erinnern, dies auslösen.

Es leuchtet ein, dass solche negativen Erfahrungen das Selbstbewusstsein verkümmern lassen. Davon betroffene Menschen leiden an Selbstwertstörungen. Ihnen wurde der Boden unter den Füßen weggezogen. Ihre Lebensfreude wurde erheblich gedämpft. Besonders Jungen, die zu Opfern wurden, werden später leicht selbst zu Tätern. Sie reagieren sexuell aggressiver und geben an andere weiter, was sie selbst durchleiden mussten.

Viele Ratsuchende, die zu uns kommen, reden selten über diese Probleme, sondern schieben
... Beziehungsschwierigkeiten,
... depressive Verstimmungen,
... unterschiedliche Ängste,
... psychosomatische Störungen und
... Arbeits- und Leistungsstörungen
vor.

Traumatisierte Menschen reagieren auf eine intensive Bedrohung mit Gefühlen von Angst, Ohnmacht und Entsetzen. Die Selbstwertstörung kann sich bei den Betroffenen so äußern:

- Sie sind sehr misstrauisch.
- Sie haben immer Angst, nicht ernst genommen zu werden.
- Sie haben Angst, auf welchem Gebiet auch immer, missbraucht zu werden.
- Sie fürchten, dass Menschen ihre Versprechen nicht einhalten.
- Sie haben Angst, ausgenutzt zu werden.

Störung Nr. 4: Minderwertigkeitsgefühle

Schon der Begriff macht deutlich, dass Minderwertigkeitsgefühle den Selbstwert schmälern. Probleme dieser Art gehören zum menschlichen Leben, sie sind nicht auszumerzen. Entscheidend ist, wie wir unsere Erlebnisse und Erfahrungen *deuten*. Unsere *Stellungnahme* ist ausschlaggebend. Welches Vorurteil haben wir über unseren Wert? Wie bewerten wir Misserfolge, organische «Mängel», Krankheiten und Machtlosigkeit? Mit welchen Minderwertigkeitskomplexen haben wir zu tun?

Wir unterscheiden vier Gruppen von Ursachen für Minderwertigkeitsgefühle:

3. Einige konkrete Störungen des Selbstwertes

Körperliche Ursachen

- Vermindertes Seh- und Hörvermögen, Störungen des Geruchssinns.
- Probleme mit der Atmung, der Verdauung, der Ausscheidung, der Haut, Störungen der Geschlechtsorgane, des Gehirns und des Nervensystems.
- Ungewöhnliche Körperformen: zu groß, zu klein, zu dick, zu dünn, zu hässlich, fehlende oder missgebildete Glieder.

Soziale Ursachen

- Schwierige Eltern, kranke oder dissoziale Geschwister, kaputte Familien.
- Finanzielle Probleme, die Armut, Vernachlässigung und Not beinhalten können.
- Eine zu harte, zu weiche oder inkonsequente Erziehung.
- Diskriminierung, weil gegen die Familie rassistische, religiöse oder parteipolitische Vorurteile bestehen.

Kosmische Ursachen

- Das Erleben von verheerenden Stürmen, von Erdbeben, Überschwemmungen usw.
- Das Erleben von unheilbaren Krankheiten, von Epidemien.
- Das Erfahren der Endgültigkeit des Lebens, der Sterblichkeit.

Eingebildete Ursachen

- Hässlich, unattraktiv und seltsam zu sein.
- Unbeliebt, ungewollt und ungeliebt zu sein.
- Beschränkt, dumm, konzentrationsschwach, ungebildet, verfolgt und missbraucht zu sein.

Jeder Mensch ist für Minderwertigkeitsgefühle anfällig. Jahrelang ist er von anderen Menschen abhängig. Seine Wünsche und sein Wollen sind größer als sein Können. So kommen schnell einige Faktoren zusammen, die ihn eventuell unsicher, angstbereit und schüchtern machen. Ebenso können Minderwertigkeitsgefühle durch eine falsche Erziehung zustande kommen,

- durch Verwöhnung auf der einen Seite;
- durch Lieblosigkeit auf der anderen Seite;
- durch Diskriminierung;
- durch Bevorzugung von Geschwistern;
- durch ständige Kritik und Abwertung.

Wer starke Minderwertigkeitsgefühle entwickelt, ist oft *neidisch* auf andere Menschen. Der Neidische denkt immer an das, was er nicht hat. Sein neidisches Denken macht ihn mutlos. Er beschuldigt die anderen.
    Wer mit Minderwertigkeitsgefühlen zu tun hat, ist oft *eifersüchtig*.

- Der Eifersüchtige hat Angst vor Liebesverlust.
- Der Eifersüchtige klammert und kontrolliert den Partner.
- Der Eifersüchtige engt den anderen in seiner Handlungsfähigkeit ein.
- Der Eifersüchtige ist unsicher und fühlt sich nicht liebenswert.
- Der Eifersüchtige zweifelt an seinen Gaben und Möglichkeiten.

Welche Botschaften kennzeichnen Ihr Minderwertigkeitsgefühl?

Es gibt Botschaften der Eltern, Großeltern und Geschwister, die die Richtung Ihrer Selbstwertstörungen kennzeichnen:

- «Zeige deine Gefühle nicht!»
    Kann bedeuten:
        Ich werde durchschaut und bin für andere Menschen ein offenes Buch.
        Die anderen haben mich in der Hand.

3. Einige konkrete Störungen des Selbstwertes

- «Was du getan hast, reicht nicht aus!»
  Kann bedeuten:
  Alles, was ich im Leben leiste, reicht nicht aus.
  Ich bleibe ständig hinter den Erwartungen der anderen zurück.

- «Was werden die Leute denken?»
  Kann bedeuten:
  Ich mache mich abhängig von anderen Menschen.
  Die Rücksicht auf andere bestimmt mein ganzes Leben.
  Was ich auch tue, ich schiele auf andere Menschen.

- «Gib immer nach, dann bekommst du keinen Ärger!»
  Kann bedeuten:
  Ich gebe im Leben fast immer nach, damit ich nicht anecke.
  Ich gebe im Leben nach, um allen Menschen zu gefallen.
  Ich gebe im Leben nach und werde überall ausgenutzt.

- «Das schaffst du sowieso nicht!»
  Kann bedeuten:
  Ich traue mir nichts zu, denn ich glaube nicht an mich.
  Meine Eltern und Erzieher haben auch nicht an mich geglaubt.
  Ich bin ein Pechvogel!
  Ich bin ein Versager!

- «Kümmere dich um andere, dann wirst du geachtet!»
  Kann bedeuten:
  Ich werde zum Helfertyp, der häufig ungefragt hilft.
  Ich stelle ständig meine Bedürfnisse zurück und bin nur für andere da.
  Meine Wünsche zählen nicht.

- «Die anderen sind tüchtiger!»
  Kann bedeuten:

Ich werde nie mit anderen mithalten können.
Ich bin benachteiligt.
Ich traue mir viele Aufgaben nicht zu.
Ich fange gar nicht erst an.

- «Nur wenn du was leistest, wirst du geliebt!»
Kann bedeuten:
Ich werde nur geliebt, wenn ich überdurchschnittliche Leistungen erbringe.
Mein Selbstwert setzt sich nur aus Leistungen und Erfolgen zusammen.
Ohne Leistungen bin ich ein Nichts.
Ohne Leistungen bin ich nichts wert.

- «Nur wenn du ehrgeiziger als andere bist, hast du eine Existenzberechtigung!»
Kann bedeuten:
Ich muss überehrgeizig (re)agieren, um in dieser Welt eine Anerkennung zu erhalten.
Überehrgeiz ist meine Eintrittskarte in die Gesellschaft.
Ich habe Angst, dass mich mein Ehrgeiz zusammenbrechen lässt.

- «Meine Eltern haben mich nie geliebt!»
Kann bedeuten:
Ich laufe ein Leben lang hinter Lob, Anerkennung und Bestätigung her.
Ich bin anerkennungssüchtig und verführbar, weil mein Selbstwert schwach ist.

Wer allerdings die Verantwortung für seine Selbstwertdefizite und Lebensprobleme auf Eltern, Großeltern und Erzieher schiebt, wird an seinen Problemen nicht arbeiten.
Er sucht einen Sündenbock für seine Schwierigkeiten.
Er sucht einen Blitzableiter für seine Probleme und lehnt seine Selbstverantwortung ab.

3. Einige konkrete Störungen des Selbstwertes

Störung Nr. 5: Liebesprobleme

Selbstwertstörungen machen sich sofort in Liebesbeziehungen bemerkbar. Wie kann das aussehen?

Ich hatte mal eine junge Dame in der Seelsorge, die mir unter Tränen gestand, dass sie mehrere junge Männer kennen gelernt, aber alle Beziehungen wieder abgebrochen hatte. Ihr selbst war unklar, warum sie die Kontakte schon nach kurzer Zeit beendete.

«Ich bin so verunsichert, dass ich regelrecht eine Angst vor Männern entwickle. Was ist an mir, dass ich längere Kontakte nicht aushalte? Von Mal zu Mal wird meine Angst größer.»

Ich: «Lassen Sie die Angst sprechen! Konkretisieren Sie diese Angst!»

Sie: «Meistens sind es sehr gut aussehende Männer. Ich führe Gespräche mit ihnen, aber ich misstraue ihnen.»

Ich. «Sie misstrauen ihnen. Und wie sieht dieses Misstrauen aus?»

Sie: «Ich glaube, sie nehmen mich nicht ernst.»

Ich: «Woran machen Sie das fest?»

Sie: «Ja, das ist schwer zu sagen.» (Pause) «Wenn ich länger darüber nachdenke, fällt mir nichts ein. Ich meine, das wäre so.»

Ich: «Sie meinen, das wäre so. Etwas Konkretes fällt Ihnen dazu nicht ein.»

Sie: «Nein, in der Tat, mir fällt nichts ein.»

Ich: «Oder kann es sein, dass *Sie sich* misstrauen?»

Sie: «Oh, das ist eine gute Frage. Wenn ich ehrlich bin, überzeugt bin ich von mir überhaupt nicht. Meine Leistungen in der Schule waren äußerst schlecht. Meine Eltern und die Lehrer waren mit mir gar nicht zufrieden. Mein Vater ist auch Lehrer, und ich bin bei ihm – bis heute – völlig unten durch.»

Ich: «Sie sind also von sich nicht überzeugt. Kann es sein, dass Sie mit Minderwertigkeitskomplexen reagieren?»

Sie: «Ja, ich habe starke Minderwertigkeitsgefühle. Ich arbeite auf der Sparkasse und habe dauernd dieses Gefühl, dass die Sparkassenleitung mit mir unzufrieden ist!»

Ich: «Aha, auch da haben Sie dieses Gefühl. Haben denn schon Vorgesetzte mit Ihnen gesprochen?»

Sie (spontan): «Nein!» (Klingt fast wie entrüstet.)

Ich: «Sie leiden also unter Selbstwertstörungen und glauben, dass die jungen Männer es nicht ernst mit Ihnen meinen. *Sie* bringen ihnen Misstrauen entgegen.»

Sie: «Ich wäre gar nicht darauf gekommen, aber die Erklärung ist logisch.»

In den Gesprächen wurde klar:

Sie täuschte ihren Freunden eine Frau vor, die sie nicht war. Um geliebt zu werden, gab sie sich strahlend, gewinnend und strengte sich an, den Männern ihre Schokoladenseite zu zeigen. Sie war unecht, lebte nicht authentisch. Schon nach einigen Begegnungen stieg in ihr die Angst hoch, die Freunde kämen dahinter, wie es wirklich in ihr aussah.

Die junge Frau glaubte nicht an sich.

Die junge Frau war von ihrer Intelligenz nicht überzeugt.

Die junge Frau reagierte verunsichert in ihrem Selbstvertrauen.

Die junge Frau zweifelte an ihrem Selbstwert.

Die junge Frau trennte sich von den Freunden, um nicht durchschaut zu werden.

Keinem offenbarte sie ihr Innenleben. Vor keinem wollte sie sich blamieren.

Die junge Dame war groß geworden mit dem Gefühl:

Ich genüge nicht.

Ich reiche nicht aus.

Ich kann den Männern nicht das Wasser reichen.

Ich bin nicht liebenswert.

Ich bin nur äußerlich attraktiv, aber da fällt kein Mann drauf rein.

3. Einige konkrete Störungen des Selbstwertes 53

Als sie sich weitgehend akzeptieren und bejahen konnte, wie sie war, und als ihr Selbstwert und ihr Selbstvertrauen gestärkt waren, fand sie den Partner fürs Leben. Trotzdem fragte sie ihn immer wieder:
«Liebst du mich wirklich? Bist du mit mir einverstanden?»
Die eintrainierten Selbstzweifel und die tief sitzenden Überzeugungen brachten immer wieder die partnerschaftliche Liebe ins Wanken.

Selbstwertstörungen sind kein Randproblem im Leben.
Selbstwertstörungen können die Liebe ins Straucheln bringen.

Liebe erträgt keine Täuschung. Wer schauspielert, zerstört die ehrliche Zuneigung.

Störung Nr. 6: Machtstreben

Autoritäre Personen, die sich in Kindheit und Jugendzeit rechthaberisch und erdrückend dem Kind in den Weg stellen, können den Selbstwert des Heranwachsenden untergraben.

Sie verhalten sich anmaßend, wissen alles besser, kritisieren alle Aufgaben und Leistungen und fördern ein schwaches Selbstbewusstsein. Ihnen fällt es schwer, zu loben und zu bestätigen. Sie fordern Gehorsam, wollen ihren Willen durchsetzen und unterdrücken alle Selbständigkeit der Kinder. Der Erfolg dieser vermessenen Einstellung ist häufig eine Verringerung des Selbstwerts.

- Kinder glauben nicht an sich.
- Kinder halten sich für unfähig.
- Kinder trauen sich nichts zu.
- Kinder gehen gehemmt und unsicher an alle Lebensaufgaben heran.
- Kinder besitzen ein äußerst schwaches Selbstwertgefühl.

Einige wenige Betroffene schießen weit übers Ziel hinaus. Sie handeln aggressiv und lassen andere Menschen ihre tief sitzenden Verletzungen spüren. Sie rächen sich, drehen den

Spieß um und praktizieren ebenfalls unangemessene Verhaltensmuster. Nicht wenige werden kriminell, lassen andere Menschen leiden, demütigen und tyrannisieren sie.

Deutlich wird: Menschen, die unterdrückt, klein gehalten und nicht ernst genommen werden, stehen später völlig verunsichert im Leben, oder sie überkompensieren und schlagen frustriert und wütend zurück. Die Unterdrückung hat sie gewalttätig und gemeinschaftsfeindlich werden lassen. Die Gemeinschaft badet aus, was ihnen angetan wurde.

Machtstreben und Machthunger sind nicht angeboren. Sie entwickeln sich in der Regel aus Minderwertigkeitsgefühlen und Selbstwertstörungen. Das kleine Kind will groß, stark und mächtig werden. Wird es jedoch missachtet, vernachlässigt und lieblos behandelt, kann sich daraus ein gemeinschaftsfeindliches Machtstreben entwickeln.

Wenn aus dem Kind ein Erwachsener geworden ist, will er herrschen, kontrollieren und seinen Geltungshunger befriedigen. So wird ein autoritäres Gebaren von Generation zu Generation weitergegeben. Autoritäre Persönlichkeiten verstehen es auf Grund ihrer Begabung und Stärke,

– passive Menschen in ihren Bann zu ziehen,
– schwache Menschen zu verführen,
– unmündige Menschen zu übervorteilen und
– schweigsame Menschen zu unterdrücken.

Wer Macht in der Erziehung favorisiert und missbraucht, bekommt es mit Widerstand, Trotz, Rebellion, Zorn, Feindseligkeit, Ungehorsam, Disziplinlosigkeit, Rückzug und Rachegedanken zu tun.

Oder das Gegenteil ist der Fall. Kinder und spätere Erwachsene

– geben auf,
– resignieren,
– halten sich für *unbegabt*,
– halten sich für *Versager*.

Macht ist ein menschliches und geistliches Fehlziel. Paulus warnt die Christenheit vor «falschen Aposteln», Machtmenschen und «Verrückten» – als solche bezeichnet er sie –, wenn er schreibt:

> «Ihr seid ja vernünftig – und lasst euch deshalb von jedem Verrückten alles gern gefallen! Ihr duldet es, wenn einer euch unterdrückt, euch einwickelt und ausbeutet, euch verachtet und ins Gesicht schlägt. Ich muss zu meiner Schande gestehen: dazu war ich zu schüchtern» (2. Korinther 11,19–21; Gute Nachricht).

In der «Regierungserklärung», die Jesus mit seiner Bergpredigt abgibt, preist er die «Sanftmütigen» und bezeichnet sie als «selig», nicht die Machthungrigen. Die «Gute Nachricht» formuliert noch deutlicher:

> «Freuen dürfen sich alle, die keine Gewalt anwenden; denn Gott wird ihnen die Erde zum Besitz geben» (Matthäus 5,5).

In der Geschichte – auch in der Kirchengeschichte – ist der Missbrauch der Macht ein nie enden wollendes Thema geblieben. Jesus hat sich vehement gegen alle unerlaubten Machtbestrebungen gewehrt. Seinen Jüngern hat er nicht den Rat gegeben, über andere zu herrschen und ihnen ihren Willen aufzuzwingen, sondern ihnen zu dienen und ihnen die Füße zu waschen.

Störung Nr. 7: Krankheiten

Krankheiten müssen nicht Ursache für Selbstwertstörungen sein. Aber sie können das Selbstwertgefühl des Betroffenen entscheidend schädigen.

Ich denke an einen Jungen mit ADS-Schwierigkeiten. Er litt an einer Störung der Feinmotorik. Er war bei Klassenarbeiten stets der Letzte, der sein Heft abgab. Seine Feder glitt nicht leicht übers Papier. Er quälte sich, Buchstaben und Sätze locker hinzuschreiben. Es gelang ihm spielend, die Gedanken im Gehirn zu ordnen und zu produzieren. Auch die Formulierung gelang ihm, aber die motorische Umsetzung bereitete ihm große Schwierigkeiten.

Diese feinmotorische Störung zersetzte geradezu seinen Selbstwert. Er hielt sich für «blöd», zweifelte an seinen Gaben und machte sich Vorwürfe.

Gezielte therapeutische Übungen verringerten die Schwierigkeiten mit der Feinmotorik, aber eine negative Selbstindoktrination hatte seinen Selbstwert längst beschädigt.

Um die selbstsuggerierten Minderwertigkeitsgefühle zu überspielen, kleidete er sich später mit teuren Anzügen, kaufte sich exklusive Schuhe und Hemden, sprach etwas exaltiert und war immer bemüht, die unnötigen, irrigen Selbsteinreden zu überspielen.

Andere Störungen, die wie Krankheiten wirken, sind körperliche Gebrechen, deformierte Gliedmaßen, Fettsucht oder Magersucht. Bei allen Störungen ist wichtig, wie Kinder und Heranwachsende mit diesen Schwächen umgehen.

Sie können *entmutigen*, weil Kinder und Jugendliche der Meinung sind, mit Gleichaltrigen nicht mithalten zu können.

Sie können *demoralisieren*, weil die Heranwachsenden ausgelacht und gehänselt werden.

Sie können dazu *stimulieren*, zu übertreiben und mit Ehrgeiz und überzogenem Anerkennungsstreben den Mitmenschen den eigenen Wert zu demonstrieren.

Entscheidend ist, wie Behinderungen und körperliche Beeinträchtigungen verarbeitet werden. Denn nicht die Stärke der körperlichen, seelischen oder geistigen Beeinträchtigung ist das Hauptproblem, sondern deren *Beurteilung* durch den Betroffenen.

Wer sich im Leben ungerecht behandelt fühlt, verhält sich wie ein ungerecht Behandelter.

Wer sich von Gott bestraft fühlt, verhält sich wie ein Bestrafter.

Wir leben das, was wir von uns glauben.

Diese Beispiele zeigen aber auch, wie Betroffene unter Anleitung von Beratern oder Seelsorgern und mit Gottes Hilfe ihre Selbstwertstörungen verringern können.

Störung Nr. 8: Menschen können schlecht Nein sagen

Menschen, die schlecht Nein sagen können, besitzen in der Regel einen ungenügenden Selbstwert. Ihr Selbstbewusstsein ist angeschlagen, und ihr Selbstvertrauen ist nicht besonders hoch. Zeitgenossen mit diesen Schwierigkeiten sind in der Regel besonders auf Harmonie bedacht. Sie lieben den Frieden und sind Friedensstifter. Wenn sie Nein sagen, reagieren sie mit Angst und Unwohlsein. Sie fürchten die Ablehnung. Häufig sind diese Befürchtungen unnötig, weil sie die Realität überzeichnen.

Welche häufig versteckten Ziele peilen diese Menschen im Alltag an?

- Sie wollen gefallen.
- Sie wollen bei allen Menschen beliebt sein.
- Sie wollen nicht anecken und quer liegen.
- Sie haben Angst, abgelehnt zu werden.
- Sie haben Angst, das Wohlwollen des Gegenübers zu verlieren.

Das schwache Selbstbewusstsein verhindert eine klare und eindeutige Stellungnahme. Der Mensch, der schlecht Nein sagen kann, belastet sich nervlich und psychosomatisch. Viele ärgern sich anschließend, dass sie Ja und nicht Nein gesagt haben. Sie fechten einen «inneren Krieg» mit sich aus. Viele liegen mit sich im Streit. Sie schämen sich ihrer Schwäche und ihrer Standpunktlosigkeit.

Was sind die Folgen dieser Selbstwertstörung?

- Sie quälen sich mit einem schlechten Gewissen.
- Sie reagieren psychosomatisch, sie belasten ihre Organe.
- Sie überfordern sich und brechen plötzlich zusammen.
- Sie ernten Ärger und Ablehnung durch ihren Partner oder durch die Kinder, die wütend sind, dass sie wieder – gegen ihre Überzeugung – einer Überforderung zugestimmt haben.

Wie können sich solche Einstellungs- und Verhaltensmuster in der Kindheit entwickeln? Einige Möglichkeiten:

- Das Kind will geliebt werden und entspricht rückhaltlos den Erwartungen der Erwachsenen.
- Das Kind gibt nach und erkauft sich damit die Liebe der Erwachsenen.
- Das Kind fügt sich den älteren und stärkeren Geschwistern, um nicht ausgeschlossen zu werden.
- Das Kind ist auf Freundschaft und Gemeinschaft angewiesen und praktiziert ein angepasstes Verhalten, um dazuzugehören.

Das Selbstbehauptungs- und das Durchsetzungsvermögen sind schwach entwickelt. Das Kind nimmt vieles in Kauf, um anzukommen und in der Gruppe akzeptiert zu werden. Kinder, die auf Freunde, gute Kameraden und Spielgefährten nicht angewiesen sind, lernen schneller Nein zu sagen und sich abzugrenzen. Der kontaktbedürftige und beziehungsabhängige Mensch ist dieser Störung eindeutig eher ausgeliefert als der introvertierte und sich selbst genügende Mensch.

Störung Nr. 9: Streben nach Idealen

Menschen mit Selbstwertstörungen reagieren völlig unterschiedlich. Wer nach Idealen und Hochzielen strebt, ist in der Regel mit sich unzufrieden.
Er genügt sich nicht.
Er muss mehr aus sich machen.
Er strebt ideale Ziele an.
Ein Schweizer Therapeut spricht von *verstiegenen Idealen*. Wer sich in den Bergen verstiegen hat, sitzt in der Falle. Er hat sich verrechnet. Er hat zu viel riskiert. Er hat sich verkalkuliert.

Je höher die verstiegenen Ziele, desto tiefer die Enttäuschungen. Idealisten leiden unter der Tyrannei des Unerreichbaren. Sie ärgern sich über sich selbst, über die anderen und über Gott. Sie pflegen utopische Träume und kämpfen wie Don Quichotte gegen Windmühlenflügel an. Angst, Wut und Zorn werden zu ständigen Begleitern.

Idealisten sind häufig Menschen, die das Prinzip «Alles oder nichts» vertreten.

Wolfgang Schmidtbauer, ein bekannter Therapeut, schreibt darüber:

«Tatsächlich beruhen die meisten Selbstmorde auf einem (real oder phantasierten) Verlust bisher für fest gehaltener Ideale oder idealisierter Bezugspersonen. Anderseits ist für den Menschen, der nicht dem Selbstmord oder einem Zusammenbruch seines Ichs in Irrsinn und Wahn zum Opfer gefallen ist, Ablösung und Trennung von Idealen notwendig. Das Kind, das sieht, dass eine idealisierte Erwartung nicht eintreffen wird, bricht in Wut, in Tränen aus und wendet sich dann nach einer kürzeren oder längeren Erholungspause neuen Handlungsentwürfen zu.»[1]

Mit anderen Worten: Ein Kind *lernt* normalerweise mit «idealisierten Erwartungen» umzugehen. Das kostbare Fahrrad, das es sich zu Weihnachten gewünscht hat, oder die Note Eins in einem bestimmten Fach sind nicht eingetroffen. Je nach Enttäuschung wird der Schmerz hinausgeschrien oder die Wut den Füßen überlassen. Es gehen ein paar Dinge kaputt. Die Eltern werden mit Lieblosigkeit bestraft, aber dann ist die Welt weitgehend wieder in Ordnung.

Kinder und Erwachsene, die es nicht gelernt haben, mit «idealisierten Erwartungen» umzugehen, fliehen in die Resignation. Sie stürzen sich geradezu in die Enttäuschungen. Sie haben die Lust am Leben verloren, sie wollen sterben.

Alles oder nichts

Der normale Mensch weiß um Schwarz und Weiß, um Licht und Dunkel und um Höhen und Tiefen. Er versucht, sich mit den Schattenseiten zu arrangieren. Aber eine Persönlichkeit, die auf Ideale fixiert ist, wird mit negativen Extremen nicht fertig. Warum?

- Alle Mitteltöne existieren nicht.
- Alle Zwischentöne werden ausgeblendet.
- Alle Zwischennoten werden nicht akzeptiert.

Es gilt nur:

- Schwarz oder weiß.
- Gut oder böse.
- Ganz oder gar nicht.
- Der Mensch strebt nach dem *Totalen*.
- Der Mensch strebt nach dem *Absoluten*.
- Der Mensch strebt nach dem *Nonplusultra*.
- Der Mensch kennt nur ein *Dafür* oder *Dagegen*.

Das Lebensziel des Idealisten beinhaltet überhöhte Ansprüche. Das «Alles oder nichts»-Prinzip zeigt, dass für ihn
 ... nur das *Einmalige*,
 ... nur das *Überragende*,
 ... nur das *Allerbeste*
wert ist, angestrebt zu werden.

Auch in seinem christlichen Glauben werden die überhöhten Ansprüche des Idealisten deutlich. Jede Unvollkommenheit und Schwäche muss mit äußerster Disziplin ausgerottet werden. Die Nachfolge wird

- zur Selbstkasteiung,
- zur geistlichen Kraftanstrengung,
- zur geistlichen Selbstüberforderung.

Und daraus folgt: Dieser selbstwertgestörte Christ ist unglücklich. Er ist mit seinem ganzen Leben unzufrieden.

Idealisierung und Verliebtheit

Eine Idealisierung geschieht auch in der Verliebtheit. Die Idealisierung des Partners geht mit einer bestimmten Verschleierung der Realität einher. Die Idealisierung dient der Stärkung des Selbstwertgefühls. Der andere wird

- größer gemacht,
- als vollkommen angesehen,
- als überragend erkannt,
- als einmalig dargestellt.

Der andere wird größer gemacht, als er ist. Er wird idealisiert. Und häufig ist der Idealisierte eine Person, die gern bewundert werden möchte. Wieder spielen zwei Menschen perfekt zusammen. Damit verbunden ist, dass der Idealisierte gern
 … als Ratgeber,
 … als Führer,
 … als Vorbild und
 … als eine Art Guru
gesehen wird.

Die Grundlage für eine derartige Idealisierung bildet immer ein labiles und schwaches Selbstwertgefühl. Zum Ausgleich wird der geliebte Mensch verherrlicht. Die Lebenseinstellung des Menschen, der andere idealisiert, kann lauten:

- Ich bin schwach, du bist vollkommen.
- Ich bin ein Teil von dir, daher werde ich vollkommen.
- Ich bin entscheidungsschwach, du bist mein Ratgeber und Vorbild.

Es liegt eine große Gefahr in dieser Verhaltensweise. Wenn der Idealisierte nicht den Vorstellungen, Erwartungen und Idealen entspricht, ist die Enttäuschung riesengroß. Er wird fallen gelassen wie eine heiße Kartoffel. Die Verletzung kennt keine Grenzen, und die Enttäuschung darüber führt zu einem rachsüchtigen Verhalten. In der Idealisierung wird der überhöhte Anspruch deutlich.

Störung Nr. 10: Hyper-Sensibilität

Menschen mit Selbstwertstörungen sind in der Regel *sehr sensibel*. Auf kritische Bemerkungen reagieren sie überempfindlich. Sie fühlen sich leicht gekränkt, reagieren beleidigt und beziehen negative Aussagen auf sich. Im Grunde haben sie kein dickes Fell, sondern eine dünne Haut. Wir sagen gern: «Er oder sie reagiert wie eine beleidigte Leberwurst.» In den Augen der Welt erleben solche Personen sich als schlecht. Sie leiden unter einer «verfeinerten Selbstbeobachtung», wie der Psychiater Ernst Kretschmer diese Menschen beurteilte. Ihre Sensibilität hat sowohl positive als auch negative Seiten. Insgesamt lässt sich zusammenfassen:

- Sie reagieren feinfühlig.
- Sie machen sich Selbstvorwürfe.
- Sie leiden unter Skrupeln.
- Sie lesen viel «zwischen den Zeilen».
- Sie können sich schlecht wehren.
- Sie reagieren ängstlich.
- Sie neigen zu Überreaktionen.
- Sie sind schnell gereizt und verstimmt.
- Sie sind schnell am Ende ihrer Kraft.

3. Einige konkrete Störungen des Selbstwertes

- Sie reagieren auf Schmerz und körperliche Missempfindungen intensiver.

Die Fachleute sprechen von der «vulnerablen» Persönlichkeit (englisch: «vulnerable» = verwundbar, schwach). Gemeint ist eine besondere Verletzlichkeit. Die Reizschwelle ist sehr niedrig, so dass diese Menschen augenblicklich eine hohe Empfindlichkeit zum Ausdruck bringen.

Ein hochsensibler Mensch lebt in der bestimmten Angst, sittlich zu versagen und unverzeihliche Fehler zu begehen. Er hat Angst, sich vor aller Welt bloßzustellen. Empfindsame und empfindliche Menschen reagieren nach außen hin oft unnahbar, kühl und überheblich. Sie werden als arrogant wahrgenommen und machen sich häufig auch unbeliebt. Jedes Wort legen sie auf die Goldwaage und zeigen dadurch ihre Selbstbezogenheit. Sie haben den Eindruck, dass alle Augen auf sie gerichtet sind.

Sie glauben, dass alle mit Spott und Hohn bereitstehen. Sie denken, dass ihre Schande und Scham allen Außenstehenden bekannt ist.

- Sie fühlen sich leicht im Stich gelassen.
- Sie führen ein Leben wie im Feindesland.
- Sie reagieren auf alle Umwelteinflüsse höchst empfindlich.

Sensible Menschen sind auch im Glaubensleben feinfühlig und äußerst hellhörig. Sie hören und erleben Gott stärker als andere Menschen.

- Sie *spüren,* dass er da ist.
- Sie fühlen sich *überwältigt* von Gottes Hineinwirken in ihr Leben.
- Sie fühlen sich *verletzt* von Menschen, die ihre Glaubensansichten nicht teilen.
- Sie reagieren *ergriffen*, wenn sie Predigten hören und Zeugnissen anderer Christen lauschen.
- Sie haben *Angst*, Gott in der Nachfolge niemals zufrieden stellen zu können.

Störung Nr. 11: Narzissmus

Eine Selbstwertstörung besonderer Art ist die «narzisstische Persönlichkeitsstörung», wie sie im Handbuch psychischer Störungen (*Diagnostisches und Statistisches Manual Psychischer Störungen* – DSM IV) beschrieben wird. Der Name dieser Störung ist abgeleitet von Narziss, einem griechischen Jüngling und Halbgott, der in sein eigenes Spiegelbild verliebt war und an ungestillter Sehnsucht nach sich selbst starb. Es geht um die Hinwendung zu sich selbst und um die Abwendung vom Nächsten. Die Störung beinhaltet die Unfähigkeit, andere Menschen wirklich zu lieben.

Was kennzeichnet Narzissten?

- Sie kennzeichnet ein Bedürfnis nach Bewunderung.
- Sie nehmen sich übertrieben wichtig.
- Sie dramatisieren ihre Leistungen.
- Sie erscheinen prahlerisch und großspurig.
- Sie überschätzen ihre eigenen Leistungen.
- Sie phantasieren sich in Macht, Erfolg und Ansehen hinein.
- Sie glauben, einzigartig zu sein.
- Sie wollen nur wie außergewöhnliche Menschen behandelt werden.

Weil sie eine schwerwiegende Selbstwertstörung aufweisen, reagieren sie mit einem überzogenen Selbstbewusstsein. In der Regel zeigen sie sich bei Kritik und Verletzungen sehr gekränkt.

Menschen mit narzisstischer Persönlichkeitsstörung haben im Allgemeinen einen Mangel an Einfühlungsvermögen und können andere Menschen mit ihren Wünschen, Erfahrungen und Gefühlen kaum wahrnehmen. Ihre eigenen Probleme stehen bei Beratungen im Mittelpunkt: Ihre Gespräche kreisen häufig nur um ihre Wünsche und Bedürfnisse. Nicht selten behandeln sie andere verächtlich und verhalten sich ungeduldig. Menschen, die narzisstischen Persönlichkeiten begegnen, empfinden bei ihnen eine emotionale Kälte und einen Mangel an Interesse. Die Narzissten sind neidisch auf andere, glauben aber, diese seien neidisch auf sie. Ihnen ist zu Eigen, dass sie die Leistungen anderer herunterspielen und nicht anerkennen. Ungeschicklichkeiten anderer Menschen werden von Narzissten als «blöd» und «dumm» charakterisiert. Von anderen werden sie daher in der Regel als arrogant, überheblich und snobistisch empfunden.

Es versteht sich von selbst, dass die zwischenmenschlichen Beziehungen solcher Menschen meistens eingeschränkt sind. Ihre Gefühle der Wertlosigkeit, die sie mit Angeberei und Hochmut überspielen, sitzen tief. Die Beziehungen sind auch ungenügend, weil sie selbst bewundert werden und im Mittelpunkt stehen wollen. Auf der anderen Seite missachten sie jedoch selber die Gefühle, Wünsche und Bedürfnisse anderer Menschen. Immer wollen sie, dass man ihnen auf allen Gebieten eine bevorzugte Behandlung angedeihen lässt. Es fällt ihnen schwer, sich in einer Schlange anzustellen. Andere sollen sich anpassen und fügen. Narzisstische Züge treten besonders häufig bei Heranwachsenden auf.

Die meisten Menschen mit einem Hang zum Narzissmus sind Männer.

Störung Nr. 12: Selbstzweifel

Eine Spielart von Minderwertigkeitsgefühlen und damit von Selbstwertstörungen sind *Selbstzweifel*. Ein Beratungsbeispiel kann das verdeutlichen:

Ein 21-Jähriger kam in die Beratung. Er hatte mit Ach und Krach die Hauptschule absolviert, war in zwei Lehren, die er begonnen hatte, gescheitert. Mit Beschäftigungen als Hilfsarbeiter schlug er sich durchs Leben. Er wohnte noch zu Hause. Seine sehr kritischen Eltern bescheinigten ihm einige Male in der Woche, dass er ein Versager sei, schimpften über seine Einstellung zum Leben, nahmen Anstoß an seiner Kleidung, an seinen Freunden, an allem.

Wie sah der junge Mann sich selbst? Deprimiert gestand er im Gespräch:

«Ich traue mir nichts zu. Im Grunde haben meine Eltern und Großeltern nicht an mich geglaubt. Was ich in die Hand nehme, reicht in ihren Augen nicht aus. Besonders mein Vater ist ein eingefleischter Pessimist. Er hat auch meine Mutter angesteckt, so dass alle Leistungen, die ich in der Schule brachte, abgewertet wurden. Ich habe mich einfach nicht mehr getraut, mit Zuversicht und innerer Überzeugung etwas Positives zu leisten. Meine Unsicherheit war immer grenzenlos. Ich habe vor dem Leben kapituliert. Die negativen Prophezeiungen meiner Eltern haben mir allen Lebensmut genommen.»

Was zeigt dieses Beispiel?

1. Negative Kritik und pessimistische Aussagen verringern die Lern- und Leistungsbereitschaft.
2. Mangelnder Glaube der Eltern an die Fähigkeiten ihres Kindes untergraben den Glauben des Heranwachsenden an sich selbst.
3. Wie soll ein Mensch an sich glauben, wenn er nicht gelernt hat, den Eltern und Erziehern zu vertrauen?
4. Wer ständig hört, er sei ein Versager, und daran glaubt, wird tatsächlich zum Versager. Wer glaubt, er sei eine Niete, verhält sich wie eine Niete.
5. Selbstzweifel sind nicht in erster Linie anlagebedingt. Wer sie gewollt oder ungewollt durch Misstrauen und Befürchtungen stärkt, zerstört den Selbstwert eines Kindes oder des Heranwachsenden.
6. Der Lebensstil des jungen Mannes lautet: Weil ich selbst überzeugt bin, ein Versager zu sein, habe ich vor dem Leben kapituliert.
7. Einer der wichtigsten Gesichtspunkte für eine wirkungsvolle Kurskorrektur ist die irrige Überzeugung des jungen Mannes: Die Eltern sind allein für mein Versagen und für

meine Selbstzweifel verantwortlich. Wer das glaubt, schiebt die Verantwortung für eine Gesinnungsänderung anderen Menschen in die Schuhe. Er redet sich heraus und ist nicht bereit, an seiner Lebenseinstellung zu arbeiten.
8. Eine spürbare Änderung seiner irrigen Lebensgrundüberzeugung begann erst, als der junge Mensch die Schuld nicht länger auf Eltern und Erzieher schob. Es sind Binsenwahrheiten:
Wir sind für unser Leben selbst verantwortlich.
Wir spielen jederzeit mit und können Werturteile und die Ansichten unserer Bezugspersonen übernehmen oder ablehnen.
Wir entscheiden uns, wie wir den Herausforderungen des Lebens begegnen.

Störung Nr. 13: Selbstmitleid

Welcher Mensch reagiert mit Selbstmitleid? Derjenige, der kein gesundes und starkes Selbstbewusstsein entwickelt hat.

Selbstmitleid ist eine destruktive Lebenseinstellung. Ich tue mir selbst leid. Ich füge mir selbst Leid zu. Die positive Blickrichtung ist abhanden gekommen.

- Ich sehe nur mich selbst und meine Probleme.
- Ich will von diesen Schwierigkeiten befreit werden.
- Ich will alles richtig und vollkommen machen.
- Ich klage Gott und die Welt an.
- Ich bin ungerecht behandelt worden.
- Ich bin unzufrieden und unglücklich.

Der Ordenspriester und Therapeut Anselm Grün kennzeichnet dieses falsche Streben so:
«Wer ständig um sich und seine Probleme kreist, verletzt sich selbst. Wer sein einziges Ziel darin sieht, von seinen Ängsten befreit zu werden, wird immer auf seine Angst fixiert bleiben. Wer alles kontrollieren will, dem gerät das Leben sicher außer Kontrolle. Wer alles richtig machen will,

wird am Ende feststellen, dass er alles falsch gemacht hat. (...) Solange wir nur darum kreisen, unsere Wünsche zu erfüllen und leidvolle Situationen zu verändern, werden wir uns immer wieder selbst verletzen.»[2]

Mit Selbstmitleid füge ich mir Schaden zu. Mit Selbstmitleid verletze ich mich.
Selbstmitleid beinhaltet einen hohen Grad an Unzufriedenheit.
Ich peinige mich.
Ich bestrafe mich.
Ich setze Leib, Seele und Geist unter Druck.
Selbstmitleid ist eine negative Möglichkeit, Selbstwertstörungen zu begegnen.
Wir sagen: «Jemand zerfließt vor Selbstmitleid.» Er leidet und genießt gleichzeitig den Schmerz. Er beklagt die Ungerechtigkeit, die man ihm angetan hat, und demonstriert sich und der Welt sein Unglück.

Störung Nr. 14: Alles persönlich nehmen

Wer alles persönlich nimmt, wer sich von anderen Menschen laufend verunsichern lässt, wer sich durch Gedanken, Äußerungen und durch laute oder leise Vorwürfe aus der Bahn werfen lässt, leidet unter einem angeknacksten Selbstwert. Sein Selbstvertrauen ist gering. Dieser Mensch ist kränkbar und verletzbar.

Wer alles persönlich nimmt, belastet sein Leben aufs Schwerste. Wer sich vieles, was gesagt, geschrieben und dahergeschwätzt wird, zu Herzen nimmt, wird herzkrank.

Da ist Edith, eine sensible Frau von 34 Jahren. Sie ist jung verheiratet, hat zwei süße Kinder und ist «mit den Nerven fertig», wie sie sagt. Sie besitzt die Kunst, alles und nichts auf sich zu beziehen. Wenn der Postbote an ihr vorübergeht, ohne zu grüßen, bekommt sie ein schlechtes Gewissen und grübelt, was sie ihm angetan haben könnte. Wenn sie nach dem Gottesdienst nicht freundlich mit Händedruck verabschiedet wird, durchleuchtet sie alle Reaktionen der letzten Woche und prüft, wo sie etwas schuldig geblieben sein könnte. Sie ist eine Meisterin darin, hinter allem die verrücktesten Provokationen zu vermuten. Der eine schaut sie böse an, der andere interessiert sich überhaupt nicht für sie, der Dritte gönnt ihr nicht das Salz in der Suppe, der Vierte verwünscht sie, und der Fünfte ist ein Lump, der sie betrügen will.

Edith ist Tag und Nacht mit Menschen beschäftigt, die ihr Probleme auf die Seele binden; Probleme, die sie verstehen, erklären und lösen muss. Edith wird gelebt.

Sie nimmt alles persönlich, kann nicht loslassen, muss reagieren. Das ist ihr Kreuz, das sie tragen muss.

Solche Reaktionen können zu Kettenreaktionen werden. Weil wir *glauben*, etwas so oder so verstanden zu haben, bringen wir die anderen, Partner, Eltern oder Kinder, in Schwierigkeiten. Sie fühlen sich in Anspruch genommen, reagieren ärgerlich und belasten uns jetzt erst recht.

Müssen wir wirklich reagieren?

Müssen wir grübeln und uns quälen?

Müssen wir uns Worte, Gesten und Anspielungen zu Herzen nehmen?

In jedem Augenblick des Tages können wir uns neu entscheiden:

- Ich reagiere auf dieses und jenes Erlebnis nicht.
- Ich denke nicht daran, mir seine oder ihre Antworten auf die Seele zu binden.
- Ich beschließe, mich mit dem Vorfall nicht mehr zu beschäftigen.

Je schwächer das Selbstbewusstsein, desto größer die Empfindlichkeit. Ärzte und Psychologen sprechen – wie in einem der vorherigen Abschnitte erläutert – von Vulnerabilität. Die vulnerable Persönlichkeit ist gefährdet. Die Verletzlichkeit kann den ganzen Menschen vom Scheitel bis zur Sohle treffen. Seine Empfindlichkeit kann alle möglichen Organe krank machen, weil sie den seelischen Belastungen nicht mehr gewachsen sind. Auch diese Störung macht deutlich, wie notwendig es ist,

- ein gesundes Selbstbewusstsein zu entwickeln,
- einen schwachen Selbstwert zu stärken und
- die Störung in Angriff und ins Gebet zu nehmen.

Störung Nr. 15: Geltungsstreben

Eine Ausgleichspraktik der Selbstwertstörung ist das Geltungsstreben. Es handelt sich um eine Überkompensation, also um einen Überausgleich. Wer mit starken Selbstwertstörungen zu kämpfen hat, kann zwei gegensätzliche Wege beschreiten:

- den Weg ins Versagen,
- den Weg in die Tiefe, in die Resignation,
- den Weg in die Depression und in die Dekompensation.
- Oder eben auch den Weg, überlegen sein zu wollen,
- den Weg, besser, tüchtiger und ehrgeiziger als andere zu erscheinen.

Der Mensch mit Minderwertigkeitskomplexen will nicht nur ausgleichen, er praktiziert immer den *Über*ausgleich. Er sieht seine Stellung gefährdet, er hat das Gefühl, weniger zu sein, er fürchtet sich vor Niederlagen und Erniedrigungen. Sein Ziel ist es,

- Sonderleistungen zu erbringen,
- technische und sportliche Höchstleistungen vorzuweisen,
- musikalische oder geistliche Außergewöhnlichkeiten zu vollbringen.

Selbstwertstörungen und Geltungsstreben begegnen uns schon auf den ersten Blättern der Bibel. Die Schlange packt

3. Einige konkrete Störungen des Selbstwertes 71

den Menschen im Paradies genau an der empfindlichen Stelle. Sie stellt die Diskrepanz zwischen dem kleinen Menschen und dem großen Gott heraus. Die Schlange stachelt das Geltungsstreben des Menschen an. Sie stachelt sein «Gottähnlichkeitsstreben» an, wie es Alfred Adler genannt hat.

«Aber Gott weiß: Sobald ihr davon esst, werden euch die Augen aufgehen, und ihr werdet alles wissen, genau wie Gott. Dann werdet ihr euer Leben selbst in die Hand nehmen können» (1. Mose 3,5; Gute Nachricht).

Das ist der geheime Wunsch vieler Menschen: Sein wie Gott, in völliger Unabhängigkeit. Das ist die Triebfeder für himmelstürmende Bauwerke, für Erfindungen und Höchstleistungen. Der kleine Mensch will ins Guinessbuch der Rekorde. Der kleine Mensch will Macht, höchste Macht. Er will es dem Schöpfer gleichtun und selbst Schöpfer werden. Das Klonen von Tieren ist ihm schon gelungen, das Klonen von Menschen ist nur noch eine Frage der Zeit.

Der Mensch will sein wie Gott.
Darum spielte Boris Becker wie *ein junger Gott*.
Darum sprechen wir bei Ärzten von den *Göttern in Weiß*.
Darum ist der Musiker XYZ *ein göttliches Genie*.
Darum hören wir vom Torwart: Er hält wie *ein Gott*.

Solche Aussprüche sind eigentlich Blasphemie, sind Gotteslästerungen. Es ist der Sündenfall schlechthin.

Die Schlange ist ein geschickter Verführer. Sie packt den Menschen nicht mit billigen Sexangeboten. Die sind schnell durchschaubar. Sie kennt die versteckten Triebfedern des Menschen. Minderwertigkeitsgefühle gehören zum Startkapital jedes Kindes. Die Macht- und Überlegenheitswünsche können den Heranwachsenden beherrschen. Besonders,

- wenn er von Eltern und Erziehern klein gehalten wurde,
- wenn er gedemütigt, erniedrigt und vernachlässigt wurde,
- wenn der Selbstwert gedrosselt und bewusst erstickt wurde.

Störung Nr. 16: Leistungsstreben

Wir leben in einer Leistungsgesellschaft. Sie produziert auch leistungsorientierte Christen. Störungen des Selbstwertgefühls rufen sofort Überkompensationsbestrebungen hervor. Wir müssen Minderwertigkeitsgefühle überausgleichen.

- Wenn ich viel leiste, werde ich anerkannt.
- Wenn ich viel leiste, erfahre ich Glück und Erfüllung.
- Wenn ich viel leiste, verschaffe ich mir Zufriedenheit.
- Wenn ich viel leiste, fühle ich mich gut.
- Wenn ich viel leiste, werde ich in der Gemeinde und von Gott gemocht.

Das Leistungsdenken ist knietief mit dem christlichen Glauben verbunden. Es ist eine teuflische Meisterleistung, ungezählte Christen in die Leistungsfalle gelockt zu haben. Von klein auf verinnerlichen sie Botschaften wie:

- Ich sollte fleißiger beten und intensiver die Bibel lesen.
- Ich sollte gründlicher mit Gottes Wort arbeiten.
- Ich sollte aktiver in der Gemeindearbeit stehen.
- Ich müsste schon um vier Uhr morgens aufstehen, um allen Forderungen gerecht zu werden.
- Ich müsste mehr Zeit, mehr Energie und mehr Geld für Gottes Reich opfern.

Dahinter steckt das falsche Denken und der irrige Glaube: Wenn ich alle «Sollte-Forderungen» und «Müsste-Aufgaben» erledigen würde, hätte Gott Gefallen an mir. Es ist eine grandiose Lüge, die sich in vielen Christen widerspiegelt und sich durch die Jahrhunderte der Kirchengeschichte erhalten hat. Leistungschristen leben mit Selbstvorwürfen und Selbstanklagen, nicht genug zu leisten. Viele arbeiten sich kaputt, um damit Gottes Gnade verdient zu haben. Aber:

3. Einige konkrete Störungen des Selbstwertes 73

- Gnade ist ein Geschenk.
- Gnade ist kein Verdienst.
- Gnade ist kein Preis für Arbeitswütige.

Leistungschristen sind in erster Linie *Getriebene*, keine Berufenen. Was treibt den Getriebenen?

- Sein Ehrgeiz?
- Sein Anerkennungsstreben?
- Sein Aufbau des Selbstwertes?
- Seine Arbeitssucht?

Der Getriebene steht dauernd unter Druck. Darum ist er ein Hektiker. Er muss drei, vier Dinge am liebsten gleichzeitig erledigen. Dann ist er stolz auf sich.

Will er sie auch noch perfektionistisch erledigen, dann stellen sich häufig psychosomatische Beschwerden ein.

Und was hat das alles mit dem lebendigen Gott zu tun? Viele Christen glauben, sie tun das alles, damit er sie gnädig anschaut und auf dem schmalen Weg ins Paradies passieren lässt.

Der Getriebene ist dem Dringlichen verpflichtet. Das Dringliche drängt sich uns auf. Das Dringliche ist aber nicht identisch mit dem Wichtigen.

Das Wichtige ist das Wesentliche.
Das Wichtige ist das Lebensnotwendige.
Das Wichtige ist das Leben rettende.

In der Geschichte von Maria und Martha setzt Jesus klare Maßstäbe.

«Marta, Marta, du bist um so vieles besorgt und machst dir so viel Mühe. Nur eines aber ist wirklich wichtig und gut! Maria hat sich für dieses eine entschieden, und das kann ihr niemand mehr nehmen» (Lukas 10,41–42).

Störung Nr. 17: Anpassung bzw. Überanpassung

Eine besondere Selbstwertstörung kennzeichnet den *angepassten* Menschen. Der angepasste Mensch tut das, was die anderen erwarten. Häufig tut er das, was er *glaubt*, dass die andern es von ihm erwarten.

- Er tut das, was von ihm gewünscht wird.
- Er tut das, was die anderen sagen.
- Er tut das, um Frieden zu haben mit anderen.
- Er tut das, um selbst keine Entscheidung treffen zu müssen.

Eine Reihe dieser angepassten Menschen dreht später den Spieß um. Sie verstehen es meisterhaft, Eltern, Erzieher und Partner in Dienst zu stellen. Wie machen sie das?

- Sie benutzen Kopfschmerzen, um vor Aufgaben geschützt zu sein.
- Sie benutzen Bluthochdruck und Platzangst, damit sich die anderen ihnen anpassen müssen.
- Sie benutzen alle möglichen Ängste, um sich vor Forderungen und Aufgaben zu drücken.

Diejenigen, die jahrelang gefügig, angepasst und gehorsam gelebt haben, zwingen ihre ehemaligen Unterdrücker, sich ihnen anzupassen.

Auch die andere Variante ist denkbar. Der Überangepasste ist ängstlich. Es ist möglich, dass er unter einem Liebes- oder Werteverlust leidet. Auf jeden Fall wird das Ich des Menschen in seiner gesunden Entwicklung gehemmt.

Der angepasste Mensch leidet als Kind und später als Erwachsener darunter, dass er seine Wünsche und Bedürfnisse zurückstellt. Er traut sich nicht, diese Wünsche und Bedürfnisse ohne Hemmungen zu äußern. Die Gefügigkeit, die er sich bei Eltern und Erziehern antrainiert hat, praktiziert er dann beim Partner.

3. Einige konkrete Störungen des Selbstwertes 75

Der Selbstwert ist so gedrosselt, dass er ständig zurücksteckt und im Innern leidet oder bestimmte Organe unter Druck setzt.

Der angepasste Mensch, der später in Ehe und Familie seine Bedürfnisse unterdrückt, reagiert mit allen möglichen Krankheiten und psychischen Störungen. Er leidet unter Kopfschmerzen, Ängsten und Phobien. Er reagiert mit Erschöpfung und Entmutigung und schließlich auch mit Depressionen. Seine Bedürfnisse kann er nicht artikulieren, aber seine Organe sprechen an seiner Stelle. Depressionen sind Aggressionen, die der Betroffene gegen sich selbst richtet. Depression ist die Wut nach innen. Angepasste Menschen haben sich gefügt und reagierten gehorsam, um sich das Wohlwollen der Erzieher zu erhalten. Und doch haben viele ihre Aggressionen, ihre Enttäuschungen über Eltern und Erzieher verdrängt und unterdrückt. Sie sind nicht verschwunden und kommen irgendwo wieder ans Licht, und zwar in Form von Aggressionen, die nach außen gerichtet sind, oder in Form von Depressionen, die nach innen, auf die eigene Person, zielen.

In vielen Kulturen hat die Frau am meisten gelitten. Sie wurde in die Rolle der Selbstverleugnung und des wehrlosen Hinnehmens gedrängt. Viele zeigen ein masochistisches Verhalten. Wesentlich mehr Frauen als Männer neigen deshalb zum Masochismus.

Sie gehen den unteren Weg.
Sie lassen viel mit sich geschehen.
Sie leiden lieber, als zu kämpfen.
Sie schweigen lieber, als zu reden.

Das Verrückte ist, dass Frauen, die diese Neigung leben, unbewusst solche Männer anziehen, die herrschen, die bestimmen und sich sadistisch gebärden.

Viele weibliche Christen haben die Wahrheit der Bibel so verstanden, dass sie sich über Gebühr untergeordnet haben, den unteren Weg gegangen sind und über sich bestimmen ließen. Wohlerzogenheit und Wohlverhalten wurden überall so verstanden, dass man sein eigenes Ich zurückstellen müsse. Wer seine Wünsche nicht äußern und wer sich nicht selbst behaupten kann, wird leicht ein Opfer für Herrscher und Machthaber. Jesus hat Macht und Herrschaft – auch in der Ehe – abgelehnt. Männer sollen dienen und nicht herrschen. Männer sollen lieben und nicht Macht ausüben. Menschen, die zu sehr nachgeben, übersehen dabei, dass sie unbewusst das Machtstreben des Partners verstärken.

Ein schlimmes Beispiel aus der Seelsorge ist Frau C. Sie wurde von beiden Eltern zur Überanpassung erzogen. Sie gehorchte, war immer lieb, brav und ein Vorzeigemädchen. Der Selbstwert des Mädchens war schwach, das Selbstvertrauen erschreckend gering. Im Innern brodelte es oft. Als junges Mädchen und später als junge Frau unterdrückte sie allen Ärger. Sie betete oft minutenlang, Gott möge ihr die Kraft geben, ihren Zorn und ihre Empörung zu unterdrücken.

Als sie dann heiratete, geriet sie unbewusst an einen harten und fordernden Mann. Sie ordnete sich unter und erduldete viele Gemeinheiten. Von Haus aus war sie Unterordnung und Angepasstsein gewohnt.

Nach drei Jahren entwickelten sich plötzlich in ihr Todeswünsche gegen den Gatten. Wenn sie Kartoffeln schälte und das Küchenmesser in der Hand hielt, prüfte sie die Schärfe der Klinge, und immer heftiger stiegen in ihr Mordgelüste gegen den eigenen Mann hoch. Sie wartete ein Jahr, bevor sie die Seelsorge aufsuchte.

Als bewusste Christin schämte sie sich und erzählte erst in der dritten Stunde über ihre Mordphantasien. In den Gesprächen wurde es immer offensichtlicher, dass die jahrelang unterdrückten Wutgefühle, die sie Tag für Tag und Nacht für Nacht niedergebetet hatte, sich jetzt zu Wort meldeten. Sie wollte nicht länger – gegen ihre Überzeugung – angepasst und unterdrückt leben. Sie war es leid, mit einem beschädigten Selbstwert ihr Leben zu fristen.

Störung Nr. 18: Magersucht

Sie kennen das Buch *Der Struwwelpeter*. Es ist heute aktueller denn je. Der Suppen-Kaspar ruft: «Nein, meine Suppe ess ich nicht!» Er hungert, magert ab und stirbt. Magersucht ist eine Störung des Selbstwertes. In der Regel sind Mädchen betroffen. Sie zeigen ein auffälliges Essverhalten mit übermäßigem Fasten. Was wird gespielt?

- Magersüchtige kämpfen um ihre Selbstbestimmung.
- Magersüchtige tragen einen inneren Konflikt über ihren Körper aus.
- Magersüchtige wollen selbständig werden und zugleich Kind bleiben.
- Magersüchtige wollen ernst genommen werden.
- Magersüchtige machen andere machtlos, sie genießen ihre Überlegenheit.
- Magersüchtige kämpfen einen unbändigen Kampf um innere und äußere Unabhängigkeit.
- Magersüchtige führen einen heroischen Machtkampf gegen Eltern und Erzieher.

Diese Mädchen wollen die «Herrschaft des Geistes» über den Körper. Oft sind es angepasste, liebe und brave Kinder, die mit leidenschaftlicher Körpersprache ihre Unabhängigkeit bekommen wollen. Sie wollen mehr Freiheit, mehr Selbstentfaltung, mehr Eigenmächtigkeit. Sie wollen keine Mitläufer sein, sie verweigern sich und lehnen ihr Frausein ab. Blindwütig suchen sie ihre Identität und ihr Selbstwertgefühl. Oft verhalten sie sich halsstarrig und verstockt.

Beziehungen sind ein Hauptproblem der Magersüchtigen. Sie wollen dünn und schlank sein. Außerdem sind sie extrem ehrgeizig. In der Regel glänzen sie mit ausgezeichneten Leistungen in der Schule.

Hinter der Besessenheit, das Körpergewicht regulieren zu wollen, steckt ein fanatischer Ehrgeiz. Magersüchtige setzen sich über ihr Schlafbedürfnis hinweg. Sie zwingen ihren Körper, täglich viele Kilometer zu laufen. Die meisten besitzen eine unglaubliche Entschlossenheit und eine große Selbstverleugnung. Magersüchtige wollen eine neue Person und ein neues Leben schaffen. Sie verfolgen häufig idealistische Ziele. Verfehlen sie diese Hochziele, versinken sie in Resignation. Viele sind innerlich völlig zerrissen, sie leben im Bürgerkrieg mit sich selbst.

Eine Magersüchtige betet:
«Herr, ich will zu viel vom Leben. Mache mir die Grenzen deutlich, die mich zum Menschen machen. Verdeutliche mir, dass du mich bedingungslos liebst und mich akzeptierst. Lass mich Unvollkommenheit und Lieblosigkeit akzeptieren, meine und die der anderen. Herr, du willst, dass ich lebe, deshalb will ich leben.»

Magersüchtige wollen zu viel vom Leben. Sie haben idealistische Erwartungen, die leider Resignation und Depression nach sich ziehen. Der falsche Stolz und die unbändigen Rachegefühle müssen Christus ausgeliefert werden. Die Aufgabe der Selbsttäuschung ist mit großen Schmerzen verbunden. Magersucht ist eine schwere Selbstwertstörung. Das gesamte Selbstvertrauen und das gesunde Selbstbewusstsein sind untergraben.

Störung Nr. 19: Flucht in die Sucht

Sucht ist ein ernstes und weltweites Problem. Menschen mit Selbstwertstörungen sind besonders gefährdet, süchtig zu werden. Sie fliehen in die Sucht,

– um ihre Defizite zu vergessen,
– um Lebensschwierigkeiten besser zu verarbeiten,
– um Minderwertigkeitsgefühle zu überspielen,
– um sich Mut zu machen,
– um ein schwaches Selbstwertgefühl und schlechte Stimmungen loszuwerden.

3. Einige konkrete Störungen des Selbstwertes

Sucht und Verwöhnung

Der Suchttherapeut Hans Wiedemann schreibt dazu:

«Damit Kinder der Verführung durch Suchtmittel widerstehen können, brauchen sie Geborgenheit und Sicherheit. Jede Form der Verwöhnung führt sie in eine Abhängigkeit von den verwöhnenden Menschen und macht sie anfällig für ein süchtiges Verhalten. Ebenso ist es wichtig, dass sie lernen, Spannungen zu ertragen und Verzicht zu üben. Wenn Kleinkinder anfangen, ihre Eltern zu tyrannisieren, ist die Änderung des Erziehungsverhaltens dringend geboten. Für die Entwicklung einer Persönlichkeit, mit der das Kind der Sucht widerstehen kann, muss ihm ein realistisches Selbstwertgefühl vermittelt werden. Wenn sich die ganze Familie nur um das Kind dreht, wird es zum Superstar gemacht. Außerhalb der Familie wird es aber auch mit seinen Schwächen konfrontiert. Dies ist verwirrend und verletzend. Schneller Trost durch Süßigkeiten bahnt den Weg in die Sucht.»[3]

Das bedeutet also:

- Verwöhnung erzieht Tyrannen.
- Verwöhnung macht Kinder lebensuntüchtig.
- Verwöhnung verleitet zum unrealistischen Denken.
- Verwöhnung untergräbt das Selbstvertrauen.
- Verwöhnung verhindert die Selbstwertstärkung.

Die vielen Gesichter der Sucht

Sucht ist eine krankhafte Fehlentwicklung. Der Begriff beinhaltet im weitesten Sinne, dass eine betroffene Person scheinbar oder tatsächlich die Kontrolle über ihr Verhalten verloren hat, wobei dieses Verhalten einen Ausgleich für eine Frustration darstellt.

Es gibt vielerlei Süchte:

- Drogensucht und Genusssucht
- Medikamentensucht und Arbeitssucht
- Eifersucht und Ess-Brech-Sucht (Bulimie)
- Putzsucht und Internetsucht
- Klatschsucht und Spielsucht
- Wettsucht und Beziehungssucht

Abgesehen von Klatschsucht und Putzsucht können uns alle genannten Süchte krank machen. In allen Lebensbereichen können wir krankhafte Verhaltensweisen entwickeln.

Jeder Dritte in Deutschland ist süchtig.

- 100 000 nehmen harte Drogen.
- 250 000 sind spielsüchtig.
- 800 000 sind medikamentenabhängig.
- 2,5 Millionen sind alkoholkrank.
- 3,5 Millionen sind esssüchtig.
- 19 Millionen sind Raucher.

Von Arbeitssüchtigen und Eifersüchtigen ist noch gar nicht die Rede. Die Arbeitssucht wurde erst in den 1970er-Jahren entdeckt. Arbeitssucht ist eine Krankheit, weil Arbeit wie eine Droge wirken kann. Die Betroffenen sind zumeist Manager, Unternehmer und leitende Angestellte in säkularen und kirchlichen Unternehmen. Sie arbeiten länger, härter und lustvoller, leider auch süchtiger als ihre Mitmenschen. Die Droge Arbeit verändert über das Gehirn das zentrale Nervensystem. Ein Leben, randvoll mit Arbeit angefüllt, bewirkt eine hohe Adrenalinausschüttung. Die Arbeit wird vergötzt. Besonders bei Christen wurde die Sucht zuerst entdeckt. Arbeitssüchtige genießen leider das höchste Prestige aller Süchtigen. Der Urlaub ist ein Aktivurlaub. Der Süchtige gönnt sich keine Muße und keine Ferien. Er muss etwas tun, er muss etwas vorzuweisen haben.

Die Flucht in die Sucht ist ein missglückter Selbstheilungsversuch, mit dem Leben, mit Schwierigkeiten, mit dem Selbstwert und mit Minderwertigkeitsgefühlen fertig zu werden.

Leide ich unter Versagensgefühlen? – Ein Selbsterforschungsfragebogen

Stimmt häufig 1	Stimmt manchmal 2	Stimmt selten 3	Stimmt nie 4	Punkte
Ich reagiere bei vielen Aktivitäten mit großer Angst.				
Ich bin ein Perfektionist.				
Ich trage ungern viel Verantwortung.				
Ich habe Angst vor beruflichen Niederlagen.				
Ich muss erfolgreich sein, sonst bin ich unglücklich.				
Ich werde depressiv, wenn ich Pleiten erlebe.				
Ich traue mir wenig zu, weil meine Eltern nicht an mich geglaubt haben.				
Ich grüble viel und mache mir Sorgen.				
Ich habe mich arbeitsmäßig unter Preis verkauft, weil ich mir die Herausforderungen nicht zutraute.				
Ich glaube nicht an mich.				
Ich habe Zweifel, dass Gott mich rückhaltlos liebt.				
Ich treffe ungern Entscheidungen, um mich nicht zu blamieren.				
Ich kritisiere viel an mir herum.				
Ich zweifle an meinen Fähigkeiten.				
Ich glaube, dass Gott mich sehr kritisch sieht.				
Ich bin unsicher, ob meine Vorgesetzten mir vertrauen.				
Insgesamt:				

Hinweise und Auswertung

1. Füllen Sie den Fragebogen ohne langes Nachdenken aus!
2. Tragen Sie jeweils in die rechte Spalte die Zahl ein, die Ihrer Ansicht nach zutrifft. Stimmt häufig = 1, stimmt nie = 4.

3. Zählen Sie am Schluss die Zahlen in der rechten Spalte zusammen.

48–64 Punkte

Wenn Sie diese hohe Punktzahl erreicht haben, kann man Ihnen nur bestätigen, dass Sie einen stabilen und guten Selbstwert haben. Ihr Selbstbewusstsein und Ihr Selbstvertrauen sind relativ gut. Mit Versagensgefühlen haben Sie kaum etwas zu tun. Sie können Gott dankbar sein, dass er Sie mit Selbstsicherheit ausgestattet hat.

32–47 Punkte

Ihr Selbstwertgefühl scheint nicht ganz im Gleichgewicht zu sein. Es ist aber keineswegs bedrohlich. Prüfen Sie noch einmal anhand der Fragen, welche Bereiche in Ihrem Leben von Selbstwertstörungen beeinträchtigt werden.

Haben Sie den Eindruck, dass Beratungsgespräche notwendig sind?

24–31 Punkte

Ihr Selbstwert in der Spanne zwischen 24 und 31 Punkten ist angeknackst. Sie sollten mit einem Berater oder Fachseelsorger über Ihre Selbstwertmängel sprechen. Wahrscheinlich machen sie Ihnen im zwischenmenschlichen sowie im geistlichen Bereich und im Arbeitsleben zu schaffen.

16–23 Punkte

Ihr Selbstwert ist vermutlich stark gestört. Ihr Lebensgrundgefühl weist wahrscheinlich eher pessimistische und unzufriedene Züge auf. Sie sollten unbedingt mit einem Berater oder Fachseelsorger Kontakt aufnehmen, um den Selbstwert zu stärken und das Lebensgrundgefühl zu verbessern. Vermutlich haben die Selbstwertstörungen auch Ihr Glaubensleben beeinträchtigt.

Kapitel 4:
So stabilisieren Sie Ihren Selbstwert!

Eine orientalische Weisheit verdeutlicht ein Grundproblem der Gesellschaft und damit des einzelnen Menschen:

> Willst du ein Land in Ordnung bringen,
> musst du zuerst die Provinzen in Ordnung bringen.
>   Willst du die Provinzen in Ordnung bringen,
> musst du die Städte in Ordnung bringen.
>   Willst du die Städte in Ordnung bringen,
> musst du die Familien in Ordnung bringen.
>   Willst du die Familien in Ordnung bringen,
> musst du die eigene Familie in Ordnung bringen.
>   Willst du die eigene Familie in Ordnung bringen,
> musst du dich in Ordnung bringen.[1]

Wer sich in Ordnung gebracht hat, wer selbstbewusst und selbstvertrauend im Leben steht,

- der lebt in der Regel positive Beziehungen;
- der führt in der Regel ein befriedigendes Familienleben;
- der stellt seine Gaben und Fähigkeiten dem Gemeinwohl zur Verfügung;
- der ist in der Regel ein guter Staatsbürger und bewährt sich als praktizierender Christ.

Selbstbewusstsein und Selbstvertrauen sind nicht angeboren, sie werden erlernt. Das ist eine gute Nachricht. Denn das heißt: Niemand muss Selbstwertstörungen hinnehmen, niemand muss resignieren. Für jeden gibt es viele Strategien und Bausteine, die dem Aufbau und der Stärkung des Selbstwertes dienen können. Doch Patentrezepte gibt es nicht, denn jeder muss für seine Schwächen den geeigneten Baustein benutzen, um an Selbstwert zu gewinnen.

In diesem Kapitel werden viele menschliche und geistliche Anregungen gegeben, die helfen, an der richtigen Stelle mit konkreten Schritten den Selbstwert zu stabilisieren.
Wer ernsthaft will, wird konkrete Schritte gehen.
Wer ernsthaft will, beginnt mit einem Baustein.
Wer ernsthaft will, hat nicht nur gute Vorsätze.

«Der Weg zur Hölle ist mit guten Vorsätzen gepflastert.» Gute Vorsätze klingen prima, eine Prise Konsequenz ist besser. Auch der christliche Glaube lebt von Konsequenz und ist ein Wagnis. Wir können ihn ausprobieren. Ja, wir dürfen ihn testen. Jesus lädt uns immer wieder ein, unser Leben mit *ihm* zu wagen. Wer aufbricht, kann neue Erfahrungen machen.

Wir leben heute in einer unsicheren Welt. Vieles ist brüchig und fragwürdig geworden. Und dieser Instabilität der *äußeren* Welt kann der Mensch nur mit *innerer* Stabilität begegnen. Wer ein ausgeprägtes Selbstwertgefühl besitzt, wer seine eigene Identität gefunden hat, wer Selbstachtung, Selbstbewusstsein und Selbstvertrauen erlangt hat und sich in Gottes Liebe geborgen weiß, der kommt in diesen schlechten Zeiten besser durchs Leben.

«Kommt doch zu mir; ich will euch die Last abnehmen! Ich quäle euch nicht und sehe auf keinen herab. Stellt euch unter meine Leitung und lernt bei mir; dann findet euer Leben Erfüllung» (Matthäus 11,28–29; Gute Nachricht).

So ein Mensch nimmt den Mund nicht zu voll. Wer sich auf diesen Weg macht, wird seine Last, seine Selbstwertstörungen los.
Er schenkt Erfüllung.
Ist das nicht der Wunsch unzähliger Menschen?

4. So stabilisieren Sie Ihren Selbstwert! 85

Im Folgenden die Bausteine, die den Selbstwert stabilisieren und fördern können.

BAUSTEIN NR. 1: Ich bejahe meinen Selbstwert

Der amerikanische Psychologe und Seelsorger Dr. Lawrence J. Crabb schreibt in einem seiner Texte:
«Darf ein Christ sich um ein positives Selbstbild bemühen? Oder führen uns solche Bestrebungen nur weiter hinein in den Sumpf der Selbstsucht? Bringen sie uns ab vom Weg zu Christus? Ist unsere moderne Beschäftigung mit dem Selbstbild in Wirklichkeit ein trojanisches Pferd, das weltliche Vorstellungen in die christliche Kirche hineinschmuggelt? ... Oder ist ein gesundes Selbstbild ein Segen, der denen geschenkt wird, die Gott kennen? Vollzieht sich nicht ganz legitim diese Heilung innerer Wunden, wenn wir allmählich verstehen, wer Christus ist und was er getan hat?»[2]

Selbstvertrauen und Selbstachtung sind die Basis für ein gutes und zufrieden stellendes Leben in der Familie und in der Gemeinde.
Weil Jesus den Menschen liebt, gibt er ihm *Würde*.
Weil Jesus den Menschen liebt, gibt er ihm *Selbstachtung*.
Weil Jesus den Menschen liebt, gibt er ihm *Wert*.
Weil Jesus den Menschen liebt, gibt er ihm *Bestätigung*.

(Der Selbstsüchtige schaut auf sich, auf die eigenen Stärken, auf die eigene Kraft. In dem Sinne ist Selbstsucht Selbstherrlichkeit. Das selbst Herr-sein-Wollen steht im Mittelpunkt und nicht Gott, der Herr.)

Was heißt das für uns als Christen?

- Wir werden geliebt – um unserer selbst willen.
- Wir werden geliebt – ohne dass wir es uns irgendwie verdient haben.
- Wir werden geliebt – ohne geistliche Schwerstarbeit.

- Wir werden geliebt – ohne Selbstüberforderung und ohne Selbsterlösung.

Rein theoretisch wissen wir das alle. Selbst die schlichtesten Christen können das als Lehrsatz *formulieren*. Aber sie *leben* etwas anderes. Sie glauben der Bibel, praktizieren aber den Satz aus Goethes «Faust»:

«Wer immer strebend sich bemüht, den können wir erlösen.»

Nein, dieser Satz ist eine geradezu teuflische und faustdicke Lüge. Wer diesen Satz Goethes rechtfertigen will, stellt die Reformation Luthers in Frage. Martin Luther, der diesen Satz nahezu in Vollkommenheit durchlitten hat, wäre um ein Haar daran zerbrochen.

Die Erlösung ist ein *Geschenk*.
Die Erlösung ist *Gnade*.
Die Erlösung ist *kein Verdienst*.
Wer auf sich schaut,
... auf seine selbst vollbrachten Taten,
... auf seine pflichttreue Nachfolge,
... auf seine konsequente Moral,
... auf seine Heiligung,
der hängt geistlich ständig in der Luft. Also strengt er sich noch mehr an, betet noch intensiver und fordert noch mehr von sich. Das Ergebnis sind ständige Versagenserlebnisse und selbst produzierte Minderwertigkeitsgefühle.

- Gott wurde Mensch, um uns zu lieben.
- Gott wurde Mensch, um unsere Schuld zu tilgen.
- Gott wurde Mensch, um uns Selbstwert und Würde zu geben.

Lauf nicht deinem Schatten nach!

Ich las eine eindringliche Geschichte aus der Weisheit Asiens.

«Es war einmal ein Mensch, den ängstigte der Anblick seines eigenen Schattens so sehr, dass er beschloss, ihn hinter sich zu lassen. Er sagte zu sich: ‹Ich laufe ihm einfach davon.› So stand er auf und lief davon. Aber sein Schatten folgte ihm mühelos. Er sagte zu sich: ‹Ich muss schneller laufen.› Also lief er schneller und schneller, lief so lange, bis er tot zu Boden sank ...»[3]

Was sagt uns diese kurze Geschichte?
Wer zu sich selbst finden will,

– der muss seinen Schatten akzeptieren;
– der muss seine Schwächen und Defizite bejahen;
– der muss Ja zu sich sagen können;
– der darf sich – trotz allem – von Gott geliebt wissen.

Wer seinem Schatten entfliehen will, ist auf der Flucht. Er verplempert sein Leben. Er läuft vor sich selbst davon. Wie will er noch etwas Gutes und Positives schaffen? Wie will er ein konstruktives Glied in der Gemeinschaft der Christen sein?

Paulus hat es gewusst. Er hatte einen «Pfahl im Fleisch». Gott hat ihm diesen «Pfahl» nicht abgenommen. Paulus musste damit leben. Die Schwäche gehörte zu ihm. Die Störung beeinflusste sein gesamtes Leben. Und was sagte er?

«Denn gerade wenn ich schwach bin, bin ich stark» (2. Korinther 12,10; Gute Nachricht).

- Gott akzeptiert uns mit unseren *Schwächen*.
- Gott akzeptiert uns mit unserem *Schatten*.
- Gott akzeptiert uns mit unseren *Ängsten*.
- Gott akzeptiert uns mit unserer *Ohnmacht*.
- Gott akzeptiert uns mit unseren *Fehlern und Grenzen*.

BAUSTEIN NR. 2: Meine Einstellung ist wichtiger als pädagogische Tricks

In der Beratungspraxis habe ich oft erlebt, dass Eltern und Erzieher zu uns kommen, die «handfeste Tricks» von uns erfahren wollen, wie sie ihren Kindern zu einem gesunden Selbstwert verhelfen können. Solche pädagogischen und psychologischen Tricks helfen wenig. Kinder durchschauen sie und sind enttäuscht. Tricks sind angelernt und aufgesetzt.

Eltern und Erzieher sollten verantwortlich und überzeugend Werte, Maßstäbe und selbstvertrauendes Verhalten vorleben. Kinder, die rückhaltlos bejaht und geliebt werden, glauben an sich und ihre Fähigkeiten.

Sie werden *bestätigt* und nicht nur kritisiert.

Sie werden *akzeptiert* und nicht nur mit ihren Schwächen konfrontiert.

Sie werden *ernst genommen* und nicht übersehen.

Sie werden *gefördert* und erleben nicht nur Forderungen.

Sie werden *ermutigt* und nicht ständig zu größeren Anstrengungen angetrieben.

Kinder müssen ihre eigene Kraft spüren. Was sie selbst geleistet und vollbracht haben, steigert ihr Selbstvertrauen. Wenn Eltern und Erzieher ihren Zöglingen Vertrauen schenken und ihnen vermitteln, dass sie die Aufgaben und das Leben selbst bewältigen werden, dann werden die Kinder automatisch in ihrem Selbstwert gestärkt. Eltern und Erzieher müssen sich hüten,

… mit schlechten Beurteilungen,

… mit negativer Kritik,

… mit Befürchtungen,

… mit pessimistischen Erwartungen und

… mit Zweifel am Erfolg

das Kind in seinem Selbstvertrauen zu schädigen.

Bestätigungen und Ermutigungen steigern die Erfolgsfreude und vor allem das Selbstvertrauen. Unsere *Einstellungen* sind wichtiger als alle psychologischen Tricks. Unsere *Haltung* ist wichtiger als Kniffe, die das Kind motivieren sollen. Ein gutes Selbstwertgefühl des Kindes ist der innere «Seismograph» für seelische Gesundheit.

Meine Einstellung und meine Gedanken machen eine Sache positiv oder negativ

Der römische Kaiser und Philosoph Mark Aurel, der etwa 150 Jahre nach Christi Geburt lebte, schrieb in seinen Meditationen folgenden schon weiter oben erwähnten Satz, der bis heute seine Gültigkeit nicht verloren hat:
«Nicht die Tatsachen bestimmen unser Leben, sondern wie wir sie deuten.»

Wie denken Sie über Ihren Selbstwert?
Welche Gedanken prägen Ihr Selbstbewusstsein?
Was halten Sie von sich?
Ihre Gedanken und Vorstellungen bestimmen Ihren Alltag.

Der amerikanische Theologe Charles R. Swindoll beschreibt in einem seiner Bücher ein beeindruckendes Erlebnis: Ein Freund von Swindoll, der mit ihm das gleiche Bibelseminar besuchte, hatte auf einer Gesichtshälfte eine hellrote Verfärbung, ein Feuermal. Es zog sich von der Stirn über die Nase und über einen Teil des Mundes bis zum Hals. Das Feuermal entstellte den jungen Mann sehr. Und Swindoll wunderte sich, dass der Mann keine Minderwertigkeitsgefühle zu haben schien. Eines Tages fasste er sich ein Herz und fragte seinen Kommilitonen, wie er als Christ mit der Entstellung umginge. Der sagte zu ihm, er hätte es seinem Vater zu verdanken, dass er positiv damit umgehen könne. Dieser hätte zu ihm gesagt, dass der rote Fleck nur für ihn da sei, um ihn daran zu erinnern, dass er Gott gehöre, und Gott ihn darum gekennzeichnet habe. Er sei in den Augen Gottes etwas ganz Besonderes. Und wörtlich ergänzte der Freund:
«Um ganz ehrlich zu sein, mir taten die Leute beinahe leid, die kein Feuermal im Gesicht hatten.»[4]

Minderwertigkeitsgefühle und Selbstwertstörungen haben wir dann, wenn wir *glauben* und *überzeugt* sind, dass unsere

«Mängel» uns entstellen und belasten. Unsere Gedanken bestimmen unsere Lebenseinstellung. Und sie bestimmen auch unseren Glauben an den lebendigen Gott.

BAUSTEIN NR. 3: Wir müssen wissen, wofür wir leben

Im Grunde erlebe ich zwei verschiedene Gruppen von Menschen, die völlig gegensätzlich leben. Die eine Gruppe beschreibt Ulrich Parzany in seiner saloppen und unnachahmlichen Art. Sie ist im Wesentlichen gekennzeichnet durch Gleichgültigkeit. Ulrich Parzany wörtlich:

«Man kann doch einem modernen Menschen nicht mit Gott kommen. Viele klagen: ‹Für solchen Tiefgang habe ich im Augenblick keinen Nerv. Ich will leben.› Sehr sinnig. Wie bei einem Autofahrer. ‹Jetzt will ich erst Gas geben. Steuern kann ich später.› Wer Gas geben will, muss steuern. Wer darauf verzichtet, die letzte, wichtigste Frage, nach Gott, nach Jesus, nach dem Tod, nach dem Sinn des Lebens, zu stellen, fährt sein Leben schrottreif. Wer leben will, muss steuern.»

Das ist schlicht und klar formuliert. Wer selbstbewusst leben will, muss wissen, wofür. Wer sinnvoll leben will, muss einen Sinn im Leben entdecken. Wer keinen Sinn im Leben sieht, hat Albert Einstein gesagt, ist nicht nur unglücklich, sondern auch kaum lebensfähig.

Darum haben wir auch so viele *Resignierte.*
Darum haben wir auch so viele *Hoffnungslose.*
Darum gibt es auch so viel *Langeweile.*
Darum gibt es auch so viele *nihilistische Attitüden.*
Darum gibt es auch so viel *Drogenkonsum* und so viele Symptome der *Sinnlosigkeit.*

Wer sein Leben für sinnlos hält, kann keinen gesunden Selbstwert besitzen. Selbstwertstörungen sind lähmend und zersetzend. Hat Ihr Leben Sinn? Wissen Sie, wofür Sie in dieser Welt leben? Glauben Sie, dass es sich lohnt,

- in dieser Welt eine Familie zu gründen?
- in dieser Welt eine sinnvolle Aufgabe zu erfüllen?
- in dieser Welt als Christ in Kirche oder Gemeinde mitzuarbeiten?

BAUSTEIN NR. 4: Wo ein Ziel ist, da ist auch ein Wille

Wer einen Sinn im Leben gefunden hat, dem fällt es auch leichter, sich selbst anzunehmen und sich mit seinen eigenen Stärken und Schwächen zu akzeptieren. Er schaut darauf, wie er sein Ziel erreichen kann.

Der Begründer der Logotherapie, Viktor E. Frankl, hält den «Willen zum Sinn» für das Hauptmotiv menschlichen Strebens. Er schreibt:

«Wie können wir uns das erklären? Nun, wovon ein Mensch zutiefst und zuletzt durchdrungen ist, ist weder der Wille zur Macht, noch der Wille zur Lust, sondern ein Wille zum Sinn. Und auf Grund seines Willens zum Sinn ist der Mensch darauf aus, Sinn zu finden und zu erfüllen ... Was aber die Selbstverwirklichung anbelangt, wage ich zu behaupten, dass sich der Mensch nur in dem Maße zu verwirklichen im Stande ist, in dem er Sinn erfüllt.»

Frankl hat es als Erster unmissverständlich gesagt:
Wer Lust anstrebt, dem vergeht sie.
Wer Glück anstrebt, der bekommt es nicht.
Wer Selbstverwirklichung anstrebt, dem misslingt sie.

Diese Dinge kann man nicht direkt ansteuern, und man erreicht sie auch nicht dadurch, dass man sie willentlich angeht. Für Frankl besteht der Sinn im Leben darin,

- die Aufgaben zu erfüllen, die mir gestellt sind;
- die Forderungen in Angriff zu nehmen, die mir vor die Füße gelegt werden;
- die Probleme zu meistern, die auf mich zukommen;

– nicht das Großartige zu tun und darauf zu warten, sondern das Alltägliche zu bejahen und anzupacken.

Also erfahren wir
... in der Erfüllung alltäglicher Aufgaben,
... in der Hingabe für andere,
... im Bearbeiten des Notwendigen,
... im Hingehen und Tun
den Sinn des Lebens.

Wir alle kennen das Sprichwort: «Wo ein Wille ist, da ist auch ein Weg.» Das erscheint richtig. Und umgekehrt: «Wo kein Wille ist, da ist auch kein Weg.»

Viktor Frankl hat das Sprichwort anders formuliert. Seine These lautet: «Wo ein Ziel ist, da ist auch ein Wille.»

Das heißt, wo ein Sinn im Leben ist,

– da ist Kraft, einen sinnvollen Weg zu gehen;
– da ist eine gesunde Persönlichkeit;
– da ist Identität;
– da ist ein gesunder Selbstwert;
– da ist Selbstsicherheit.

Viele kommen in die Sprechstunde, wenn sie ihre Ehe schrottreif gefahren haben. Wenn sie in depressiver Resignation verharren. Wenn sie in einer Sackgasse sitzen. Wenn sie am Leben verzweifeln. Wenn sie mit den Nerven fertig sind. Wenn sie ganz erstaunt fragen: Was ist eigentlich mit mir los? Wer bin ich überhaupt?

Ich laufe auf Hochtouren

Ich habe auf einem Seminar eine Demonstration durchgeführt, eine Live-Beratung vor Publikum. Zur Verfügung stellte sich ein Mann von 52 Jahren, der einen schweren Herzinfarkt hinter sich hatte. Sein Problem, das er in dieser Stunde klären wollte, lautete:

«Ich leide unter ständiger Unrast. Ich bin ständig unruhig. Ich laufe immer auf Hochtouren. Was sind die unverstandenen Motive dieser Unrast? Warum oder wozu gebe ich ständig Vollgas?»

Er war in zwei Kliniken gewesen. Die Ärzte hatten ihm gesagt, was er tun sollte: Briefmarken sammeln, spazieren gehen, weniger arbeiten, mehr schlafen. Die Ärzte hatten nicht verstanden, wer er ist; denn er sieht nur rational die Richtigkeit dieser Vorschläge ein, aber nicht existenziell. Das ist sein Problem. Und darum kann er die Punkte, die ihm die Ärzte gesagt haben, auch nicht leben. Keiner hatte ihm gesagt, was die eigentlichen Motive seiner Rastlosigkeit sind. Was kann er tun, dass er bezüglich Herzinfarkt nicht mehr gefährdet ist? Was kann er tun, damit die Rastlosigkeit verringert wird?

In dem Gespräch gestand er:

«Ich laufe auf Hochtouren, weil mein Selbstwert ganz unten ist. Bis zum zwanzigsten Lebensjahr hatte ich den Eindruck: Du bist eine Niete. Die anderen sind tüchtiger, sind schneller und sind intelligenter. Und deshalb habe ich aufgedreht. Ich wollte es mir und der ganzen Welt zeigen, was ich aus mir machen kann. Zwei Klinikaufenthalte habe ich hinter mir. Diagnose: Erschöpfungsdepression. Jedes Mal hatte ich mich total übernommen. Seit Jahren plagt mich ein zu hoher Blutdruck. Vor einem Jahr hat mich ein schwerer Herzinfarkt heimgesucht. Vier Bypässe. Ich bin nur noch die Hälfte meiner selbst. Aber die Unrast ist nach wie vor da. Ich bin Christ und glaube ernsthaft, aber die Unruhe geht nicht weg. Ich kann nicht glauben, dass Gott mich annimmt, wie ich bin. Meine tiefe Überzeugung ist: Nur wenn ich mich bis zur Erschöpfung einbringe, kann ich vor Gott bestehen.»

Ich: «Und Sie glauben ernsthaft, dass Ihre ‹innere Überzeugung› richtig ist?»

Er: «Nein, das glaube ich heute nicht mehr, aber ich kann die Unrast nicht stoppen.»

Ich: «Im Grunde ist das ein deutlicher Widerspruch. Sie glauben, dass Ihre Arbeit bis zur Erschöpfung notwendig ist, um vor Gott zu bestehen. Auf der anderen Seite glauben Sie aber, dass Gott Sie liebt, ohne dass Sie sich arbeitsmäßig überschlagen müssen.»

Er: «Diesen Widerspruch spüre ich immer deutlicher. Daran will ich tatkräftig arbeiten. Meine Gesundheitsprobleme sind ein ernster Eingriff Gottes in mein Leben.»

Ich: «Sie deuten es selbst so, dass Ihre Krankheit ein ernster Eingriff Gottes ist. Meine Überzeugung ist: Wenn Sie der Zusage Gottes, dass er Sie rückhaltlos liebt, Glauben schenken, werden Sie nicht mehr auf Hochtouren laufen. Sie werden ruhiger und gelassener. Ihr Selbstwert wird sich stabilisieren.»

Er: «Mir ist in dem Gespräch klar geworden, dass meine Rastlosigkeit mit meinen Minderwertigkeitsgefühlen zu tun hat. Ich muss mich beweisen. Ich will mich rechtfertigen. Mein übertriebener Ehrgeiz und mein Einsatz bis zur Erschöpfung bringen mir Lob und Bestätigung ein. Ich brauchte das.»

Ich: «Sie haben es selbst hilfreich formuliert: Ich *brauchte* das. Beten Sie dafür, dass es tatsächlich der Vergangenheit angehört. Beten Sie darum, dass Sie in erster Linie vor Gott auf diese Hektik und Rastlosigkeit verzichten können. Nur dann werden Sie in der Tat ruhiger und gelassener.»

BAUSTEIN NR. 5: Gleichen Sie Schwächen durch Stärken aus!

Viele Eltern reiten oft viel zu lange und zu oft auf Schwächen und Defiziten herum.

Die *Fehler* werden bekämpft.

Die *Schwächen* werden bearbeitet.

Die *Defizite* werden angeprangert.

Das Resultat kann sein, dass das Kind diese Kritik auf alle Leistungen und auf seinen gesamten Wert bezieht. Eltern und Kinder denken dann *fehlerorientiert* und nicht *erfolgsorientiert*.

4. So stabilisieren Sie Ihren Selbstwert!

Selbstverständlich dürfen auch nicht alle Fehler und Schwierigkeiten der Kinder von den Eltern beseitigt werden. Wenn Eltern und Erzieher sämtliche Barrieren beiseite schieben, wenn sie dem Kind alle Wege ebnen und Belastungen abnehmen, lernt das Kind nicht, selbständig und selbstverantwortlich mit Lebensproblemen erfolgreich umzugehen. Wir haben als Eltern nicht die Aufgabe, unsere Kinder vor allen erdenklichen Schwierigkeiten zu bewahren. Unsere Aufgabe besteht darin, ihnen Mittel und Wege zu zeigen, wie man mit den vielen Hindernissen im Leben besser fertig wird.

Alfred Adler konnte den erstaunlichen Satz formulieren:
«Das Schönste, was eine gute Fee einem Kind in die Wiege legen kann, sind Schwierigkeiten, die das Kind lernt zu überwinden.»

Der Nachsatz ist entscheidend. Schwierigkeiten sind Herausforderungen des Lebens. Schwierigkeiten sind Übungsmaterial für Kinder und Heranwachsende, später alle Hindernisse mit Erfolg zu überspringen.

Für Eltern und Erzieher gilt es deshalb, die Konzentrationsfähigkeit des Kindes zu fördern.

Wo sind Stärken des Kindes, die bisher unentdeckt blieben? Wo liegen Begabungen brach, die bisher von Eltern und Kindern übersehen wurden? Oder gibt es Fähigkeiten und Talente, die bisher bewusst niedrig eingestuft wurden?

Wie oft hören Kinder von ihren Eltern: «Das ist eine brotlose Kunst!»

Vielleicht ist Ihr Sohn künstlerisch begabt?
Vielleicht ist Ihre Tochter eine phantastische Köchin?
Vielleicht ist Ihr Kind ein begabter Sänger?
Vielleicht ist Ihr Kind ein guter Fußballspieler?

Entdeckte Talente steigern die Motivation

Vor Jahren hatte ich einen jungen Mann in der Beratung, der war Analphabet, hatte im Gefängnis gesessen und war kaum in der freien Wirtschaft unterzubringen.

Ich erinnere mich noch an die Stunde, in der wir gemeinsam nach seinen Talenten gesucht haben. Da erzählte er mir so nebenbei – wovon er selbst gar nicht beeindruckt war –, dass er ein hervorragendes Gedächtnis hätte. Er konnte mehrere Telefonnummern, die er einmal gehört hatte, sofort behalten.

Die größte Reparaturwerkstatt eines großen Autokonzerns suchte einen Mitarbeiter, der sich eintausend Autoteile merken musste, die irgendwo im Lager zu finden waren. Viele qualifizierte Mitarbeiter waren an der Aufgabe bisher gescheitert. Dieser junge Mann lernte in kurzer Zeit die Nummern der Ersatzteile und den Ort, wo genau sie gelagert wurden. Er wuchs geradezu über sich hinaus. Er hatte eine Begabung entdeckt, die ihm einen hohen Selbstwert bescherte. Diese Begabung wurde die wichtigste Quelle seiner Selbstachtung.

Große Kompensationsmöglichkeiten liegen für Kinder und Jugendliche im Sport. Einige werden Boxer, andere begabte Basketballspieler, wieder andere sind großartige Fußballspieler. Plötzlich entwickeln Jugendliche Ausdauer und Geduld. Sie glauben an sich, weil sie spüren, dass sie im Team der Fußballmannschaft oder in der Band als Schlagzeuger oder Gitarrist gebraucht werden.

Vor kurzem sah ich einen Film über Bolivien, das wahrscheinlich ärmste Land Südamerikas. Kirchliche Einrichtungen boten den Ärmsten der Armen Musikunterricht an. Die Instrumente wurden gestellt. Viele Kinder entpuppten sich als hochbegabte Musiker. Sie lernten Geige und Cello, Trompete und andere Instrumente. Sie übten leidenschaftlich, und ein engagierter Lehrer brachte ein ganzes Orchester zusammen. Ihre Kunst ging weit über das Niveau eines Laienorchesters hinaus. Sie wurden nach Chile eingeladen, und der Stolz der Kinder kannte keine Grenzen.

Wie steht es mit Freiheit und Zwang?

Noch ein Tipp von Dr. James Dobson an alle Eltern und Erzieher zum Thema kulturelle und sportliche Förderung der Kinder:

4. So stabilisieren Sie Ihren Selbstwert!

«An dieser Stelle nun stellt sich eine Streitfrage. Viele Eltern sind der Ansicht, sie hätten nicht das Recht, ihrem Kind eine Wahl dieser Art aufzuzwingen. Deshalb legen sie die Hände in den Schoß und hoffen, dass der Filius die Entscheidung schon treffen wird. Aber die meisten Kinder sind bemerkenswert träge. Etwas Neues zu erlernen ist zu Anfang immer schwierig. Zunächst will es nicht so recht klappen. Und dann schmeißt man allzu leicht den ganzen Kram wieder hin. Viele Kinder würden deshalb die wichtigen Fähigkeiten nie erlernen, die sie später so dringend brauchen. Ich gebe Ihnen folgenden Rat: Versuchen Sie herauszufinden, wo die Fähigkeiten Ihres Kindes liegen. Wählen Sie dann die Begabung aus, wo Ihrer Meinung nach die größten Erfolgschancen bestehen. Wenn Sie diese Wahl dann getroffen haben, passen Sie auf, dass sich Ihr Kind von den Anfangsschwierigkeiten nicht entmutigen lässt. Belohnen Sie es, drängen Sie es, bestechen Sie es, wenn notwendig. Aber zwingen Sie es zu lernen. Sollten Sie dann doch einsehen, dass Sie einen Fehler gemacht haben, so blasen Sie das Ganze ab. Beginnen Sie dann von vorn mit einer anderen Beschäftigung. Lassen Sie vor allem nicht zu, dass Trägheit Sie davon abhält, Ihrem Nachkommen etwas Nützliches beizubringen. Nehmen wir damit unseren Kindern die Freiheit, ihre eigene Wahl zu treffen? Vielleicht, aber das gilt dann auch, wenn wir sie zwingen, mit Messer und Gabel zu essen, sich zu waschen, nicht zu spät ins Bett zu gehen. Vielleicht schränken wir die Freiheit unserer Kinder ein, aber das geschieht nur zu ihrem Besten.»[5]

Deutlich wird:

1. Die Zeit der antiautoritären Erziehung ist endgültig vorbei. Kinder und Jugendliche können nicht machen, was sie wollen. Eltern und Kinder treffen Abmachungen, die eingehalten werden.
2. Ein Zurück zur patriarchalischen und autoritären Erziehung, bei der allein Eltern und Erzieher alles bestimmen, ist ebenso wenig erwünscht. Alles wird mit Kindern und

Jugendlichen besprochen. Aber die Inkonsequenz – eine der gefährlichsten Erziehungsfehler – wird vermieden.
3. Die Erziehung sollte klare Ziele verfolgen. Keinen unmenschlichen Druck und keine Vergewaltigung. Aber liebevolle Konsequenz ist angeraten. Keine Drohung und keine körperliche Züchtigung.
4. Viele positive Gewohnheiten, die im späteren Leben eine große Rolle spielen, können nur durch Konsequenz und Einschränkung der Freiheit eintrainiert werden.
5. Wenn Kinder und Jugendliche spüren, dass Eltern nicht nur ihren Willen durchsetzen wollen, sondern sie wirklich lieben, dann werden Einschränkungen in Kauf genommen.
6. Die jüngsten soziologischen Untersuchungen machen deutlich, dass das Elternhaus in den Augen der Kinder einen hohen Stellenwert einnimmt. Kinder und Jugendliche schenken ihren Eltern ein hohes Maß an Vertrauen.
7. Eine im «Spiegel» abgedruckte Infratest-Untersuchung ergab folgendes Ergebnis: Auf die Frage «Sollten Ihrer Meinung nach Höflichkeit, Anstand und Ordnung im Alltag wieder eine wichtige Rolle spielen?» antworteten 94 Prozent der Befragten zwischen 18 und 29 Jahren mit Ja. Nur 3 Prozent sagten Nein.[6]

Noch ein «Spiegel»-Zitat: «Die Kinder merken, dass man mit der bloßen Lockerheit der Eltern in der postmodernen Welt nicht landen kann.»[7]

BAUSTEIN NR. 6: Selbstbewusstsein entsteht durch Gewohnheiten

Schon der Philosoph Aristoteles konnte sagen: «Wir sind das, was wir wiederholt tun; Vorzüglichkeit ist daher keine Handlung, sondern Gewohnheit.»

Unser Charakter und unsere Persönlichkeit bestehen im Wesentlichen aus verschiedenen Gewohnheiten. Darum lautet die Lebensregel:

4. So stabilisieren Sie Ihren Selbstwert!

«Säe einen Gedanken und ernte eine Tat; säe eine Tat und ernte eine Gewohnheit; säe eine Gewohnheit und ernte einen Charakter; säe einen Charakter und ernte ein Schicksal.»
Gewohnheiten sind wertvolle Faktoren in unserem Leben. Wie sagte ein kluger Erzieher:
«Gewohnheiten sind wie ein starkes Seil. Wir weben jeden Tag einen Strang hinzu, und bald können sie nicht mehr reißen.»

Sich etwas zur Gewohnheit zu machen, kostet Arbeit. Wer als kleines Kind gelernt hat, sich regelmäßig, ohne Ausnahme, die Zähne zu putzen, wird sie ein Leben lang ohne Überwindung putzen.

Wer regelmäßig – ohne Ausnahme – gymnastische Übungen für Beine, Rücken und Arme macht, muss sich nicht auffordern, muss sich nicht zwingen, es zu tun. Wer regelmäßig seine «Stille Zeit» hält, wird es bald aus Gewohnheit tun. Auch ältere Menschen können noch neue Gewohnheiten einüben. Sie stärken unser Selbstbewusstsein.

In der Zeitschrift «Psychologie heute» stand ein Hauptartikel über Rituale. Rituale haben einen hohen Stellenwert. Rituale sind in der Regel gute Gewohnheiten. Bestimmte Rituale, die wir bei Festen, Taufen und Beerdigungen praktizieren, prägen sich ein. Sie geben Sicherheit. Sie bringen Ruhe in unser Leben. Grußformeln, bestimmte Umarmungen, Kusszeremonien, das Verschicken von Karten zu Festen und Feiern, stärken die Beziehungen und stabilisieren den Selbstwert.

Ich fühle mich *geliebt*.
Ich fühle mich *ernst genommen*.
Ich fühle mich *integriert*.

Wir praktizieren Gebete bei Tisch, beten gewohnheitsmäßig mit den Kindern am Abend oder lesen ihnen eine Geschichte vor dem Schlafengehen vor. Es ist keine Frage:

- Rituale stärken das Zusammengehörigkeitsgefühl.
- Rituale verbinden.
- Rituale stabilisieren das Selbstbewusstsein.

Ein kleines Beispiel aus meinem Leben. Ich habe eine schlechte Gewohnheit. Ich kann wunderbar Dinge vor mir herschieben. Ich schiebe sie so weit weg, dass ich sie nicht mehr sehe. Und plötzlich sind sie vergessen. Und das gibt Ärger und Unannehmlichkeiten.

Vor ein paar Jahren hatte ich ein Gespräch mit dem ehemaligen Staatssekretär im Innenministerium, Herrn Dr. Waffenschmidt. Er versprach, mir bei irgendeiner Sache zu helfen. Als wir schon in der Tür standen, sagte er: «Ich werde sofort die Sache meiner Sekretärin diktieren. Von meiner Mutter habe ich gelernt: Was du tun willst, das tu sofort.»

Dieses Wort hat mein Gewissen getroffen. Seit der Zeit bemühe ich mich, Sachen nicht vor mir herzuschieben, sondern sie sofort zu erledigen. Das stärkt mein Selbstbewusstsein.

BAUSTEIN NR. 7: Ich habe die Freiheit zu entscheiden, wie ich reagiere

Ich habe die Freiheit, auf Reize von innen und außen, auf Ereignisse und Umstände, die mir widerfahren, in Freiheit zu antworten.

Ich entscheide, wie ich reagiere.
Ich entscheide, was ich tue und wie ich handle.
Ich entscheide, ob ich mich ärgern will oder nicht.
Ich kann die eingefahrenen Reaktionsmuster ändern.

Die Lebensgeschichte von einem der bedeutendsten Psychiater der letzten Jahrzehnte, Viktor E. Frankl, macht das deutlich. Frankl saß als Jude im KZ. Seine Eltern, seine Brüder und seine Frau starben in Lagern oder wurden in Gaskammern geschickt. Frankl wurde gefoltert und erlebte unzählige Entwürdigungen.

Der amerikanische Management-Berater Stephen R. Covey beschreibt in einem seiner Bücher, wie Frankl damit fertig wurde:

4. So stabilisieren Sie Ihren Selbstwert!

«Eines Tages, er war nackt und allein in einem kleinen Raum, begann er sich dessen bewusst zu werden, was er später ‹die letzte Freiheit des Menschen› nannte – der Freiheit, die die Nazi-Schergen ihm nicht wegnehmen konnten. Sie konnten seine gesamte Umgebung kontrollieren, sie konnten mit seinem Körper machen, was sie wollten, aber Viktor Frankl blieb ein selbstbewusstes Wesen, das beobachten konnte, was mit ihm geschah. Seine grundlegende Identität war intakt. *Er konnte in sich selbst entscheiden, wie all das sich auf ihn auswirken würde.* Zwischen dem, was ihm widerfuhr, dem Reiz und seiner Reaktion darauf lag seine Freiheit oder Kraft, die Reaktion zu bestimmen.»[8]

Covey schreibt, dass Frankl eines Tages mehr Freiheit hatte als seine Nazi-Aufseher. Die hatten Macht, in ihrer Umgebung nach Lust und Laune zu entscheiden. Frankl hatte die innere Kraft gewonnen, sich nicht von Hass- und Rachegefühlen leiten zu lassen. Er hatte den fundamentalen Grundsatz entdeckt: Zwischen Reiz und Reaktion hat der Mensch die Freiheit zu wählen.

Wir haben die Freiheit, wenn wir beleidigt, gedemütigt und diskriminiert werden, unsere Reaktion darauf selbst zu bestimmen. Der eben genannte amerikanische Autor unterscheidet zwischen *reaktiven* und *proaktiven* Menschen. *Reaktive* Menschen lassen sich

... von ihren Gefühlen,
... von bestimmten Umständen und
... von den Bedingungen der Umwelt
treiben.

Sie handeln passiv. Sie glauben, sie hätten keine andere Wahl. Reaktive Menschen sagen gern: «So bin ich eben, ich kann nicht anders. Ich werde in meinem Leben bestimmt, daran ist nichts zu ändern.»

Proaktive Menschen nutzen die Freiheit, sich völlig neu, völlig anders als gestern zu entscheiden. Sie wissen, dass sie für ihr Leben selbst verantwortlich sind.

Unser Verhalten ist eine Folge unserer Entscheidungen.

Baustein Nr. 8: Wir gehen mit dem Kind gemeinsam in den Konkurrenzkampf

Wir Eltern und Erzieher wehren uns als Christen,

- dass Ehrgeiz und Konkurrenzstreben unseren Alltag bestimmen;
- dass gute Schulnoten und gute Zeugnisse in erster Linie unseren Lebenswert bestimmen;
- dass Aussehen, Schönheit und Leistungen das ganze Leben beeinflussen;
- dass wir das Wertesystem der Gesellschaft übernehmen;
- dass wir dem Zeitgeist hinterherrennen.

Und dennoch: Wir stecken alle drin. Wir haben die Ungerechtigkeit des Wertesystems erkannt, aber unsere Familien müssen Wand an Wand mit diesen Werten leben. Unsere Kinder besuchen die gleichen Schulen, tragen die gleichen Kleider, hören die gleichen Botschaften, lesen die gleichen Bücher und bekommen die gleichen Nachrichten vermittelt wie alle anderen. Unsere Kinder müssen konkurrenzfähig bleiben. Sie müssen überleben und in dieser Welt «ihren Mann» stehen. Ich erlebe als Christ und Berater eine große Spannung:

Ich will nicht die Unwahrheit sagen.

Ich will nicht gleichgültig sein.

Ich habe nicht immer eine eindeutige Antwort.

Ich möchte mein Bestes geben, und werde doch ohne Anfechtungen und Versuchungen nicht leben können.

Ich möchte Kindern, Jugendlichen und Ratsuchenden helfen, dass sie gradlinig ihren Weg gehen, dass sie mit den Werten, die wir als Christen vertreten, und den Werten, mit denen unsere Gesellschaft liebäugelt, zurechtkommen. Ich möchte helfen, dass sie schulisch, gesellschaftlich und arbeitsmäßig ihren Platz in dieser Welt finden und mit Gottes Hilfe den Anforderungen des Lebens, des Glaubens und der Gesellschaft gewachsen sind.

Ich bin sicher, es gibt Fehler, Sünden und falsche Wege. Aber von meinem geistlichen Lehrer Johannes Busch habe ich gelernt: «Hinfallen macht nichts. Das gehört zum Christenleben. Entscheidend ist, wieder aufzustehen und das Ziel nicht aus dem Auge zu verlieren.»

Der Journalist Peter Hahne hat in seinem neusten Buch einige hilfreiche Ratschläge gegeben. Er schreibt:
«Die meisten schreiben das Wort Toleranz mit Doppel-l: Sie finden alles toll. Je nach Stimmungslage ist es mal der Dalai Lama, mal Jesus, mal der Papst, mal Marxismus oder Buddhismus, mal New Age oder die alte Bibel. Doch Werte von Dauer sind Mangelware. Die sind längst ausverkauft. (…) Echte Toleranz gründet sich jedoch auf festen Standpunkten. Toleranz bezieht sich nicht auf Wissens-, sondern auf Gewissensfragen, auch letzte persönliche Überzeugungen (…) Wenn alles gleich gültig ist, ist auch schnell alles gleichgültig. Das führt zur Beliebigkeit. Das führt zu einer Beliebigkeit, die echten Streit um die Wahrheit und damit die Suche nach tragfähigem Konsens unmöglich macht. (…) Die heutige Toleranzinflation geht mit Wahrheitsschwindsucht einher.»[9]

Ich möchte der falschen Toleranz nicht erliegen.
Ich brauche Orientierungsmaßstäbe.
Ich kann dem Satz nicht folgen: Der Weg ist das Ziel.
Ich möchte dem vertrauen, der *der* Weg, *die* Wahrheit und *das* Leben ist.

Baustein Nr. 9: Ich will mich aufrichten und meine göttliche Würde entdecken

Der katholische Priester und geistliche Leiter der Benediktinerabtei Münsterschwarzach, Anselm Grün, berichtet in einem seiner Bücher von einer Frau, die achtzehn Jahre lang krank war und unter einem gekrümmten Rücken litt. Er schreibt, dass sie nicht mehr aufrecht gehen konnte und so «ihr geringes Selbstwertgefühl [offenbarte]. Sie kann sich dem Leben nicht aufrecht stellen». Die Last des Lebens hat sie niedergedrückt. Die Umstände des Lebens haben ihr das Rückgrat gebrochen. Anselm Grün ist der festen Überzeugung, dass der Gottesdienst im Sinne Jesu dazu dient, Menschen aufzurichten und ihre unantastbare göttliche Würde zu entdecken. Er beschreibt, welche Übung er mit den Teilnehmern von Kursen unternimmt, die mit Selbstwertstörungen zu kämpfen haben:

«Manchmal mache ich bei Kursen die Übung, dass wir zuerst aufrecht stehen und so die Verbindung zwischen Himmel und Erde spüren. Dann lassen wir erst den Kopf fallen und dann die Schultern. Das engt und schneidet den Atemfluss ab. Dann gehen wir gekrümmt durch den Raum. Man sieht nur den engen Horizont um seine Füße. Das Gesicht verfinstert sich immer mehr, die Stimmung sackt ab. Dann richte ich den Ersten auf, indem ich seinen Rücken streichle. Wenn ich lange genug mit meinen Händen den Rücken massiere, dann richtet sich der Gebeugte von allein auf. Ich habe ihn durch meine Behandlung nicht gedemütigt, sondern indem ich ihn berührt habe, kam er selbst in Berührung mit der eigenen Kraft.

Für mich ist die Heilung der gekrümmten Frau ein Bild für unser Christsein.

Wir sind Jünger und Jüngerinnen Christi, wenn wir unsere unantastbare Würde spüren. Wir glauben an Christi Auferstehung, wenn wir aufrecht durch die Welt schreiten.»[10]

Wer weiß, dass er Gottes geliebtes Kind ist, zu ihm gehört und sich von ihm geliebt weiß,

– der geht aufrecht durch die Welt,
– der darf selbstbewusst sein Haupt erheben,
– der erfährt eine seelische und geistliche Rückenstärkung.

Der Glaube ist ein Wundermittel

Glaube bestärkt und ermutigt. Er macht Menschen optimistisch und gibt ihnen Kraft, sogar ein schweres Schicksal zu meistern. Kleinglaube und Unglaube fördern die Entmutigung und lassen resignieren.

Vor Jahren hat eine blinde Frau in unserem Institut die Ausbildung zur therapeutischen Seelsorgerin gemacht. Sie ist von Geburt an blind, aber unwahrscheinlich lebenstüchtig. Ohne Umstände reiste sie aus einem anderen Land zu uns. Sie fuhr allein mit dem Zug, fuhr allein mit dem Taxi und suchte allein ihr Zimmer auf. Eine bewundernswerte Frau.

Während einer Live-Demonstration, für die sie sich zur Verfügung stellte, sagte ich nebenbei: «Sie als Behinderte müssen ja viele unbequeme Hindernisse bewältigen.» Sie unterbrach mich und sagte: «Ich bin nicht behindert. Ich bin zwar blind, aber dafür ist mein Geist nicht blind. Manchmal sehe ich mehr als Menschen, die zwei gesunde Augen haben.»

Die junge Frau ließ sich durch ihre Blindheit nicht ihren Lebensmut nehmen. Sie resignierte nicht und versank nicht in Selbstmitleid. Sie vertraute blindlings dem lebendigen Gott, ließ sich von ihm führen und bejahte ihr Leben.

Wie oben bereits erwähnt, sagte der römische Kaiser und Philosoph Mark Aurel: «Nicht die Tatsachen entscheiden über unser Leben, sondern wie wir sie deuten.»

Meine Deutung macht eine Sache gut oder schlecht.

Meine Deutung gibt meinem Leben Inhalt und Sinn.

Meine Deutung beschert meinem Dasein Wert oder Unwert.

Der Glaube versetzt Berge. Der Glaube an den lebendigen Gott macht unmögliche Dinge möglich.

BAUSTEIN NR. 10: Verlieren Sie den Mitmenschen nicht aus dem Auge!

Wer nur mit sich beschäftigt ist, dreht sich um sich selbst. Er ist mit seinen Problemen, mit seinen Behinderungen und Schwierigkeiten ausgelastet.

Er sieht sich *negativ*.

Er beurteilt sich *pessimistisch*.

Er zweifelt an seinem *Selbstwert*.
Er besitzt keine *Selbstsicherheit*.
Und weil das so ist, verliert er den Blick *für den anderen*.

Helmut Thielicke hat solchen Menschen ein paar nachdenkenswerte Sätze ins Stammbuch geschrieben:
«Ich habe Zorn gegenüber Kritik und Harmlosigkeit, mit der man bestimmte Zeitkrankheiten in der Kirche sich breit machen lässt und sie obendrein noch für fortschrittliche geistliche Hygiene hält. An erster Stelle unter diesen psychischen Seuchen stehen der Narzissmus, das ewige Kreisen um sich selbst, ja eine masochistische Verliebtheit in die eigenen Kümmerchen und damit der Drang zur Nabelschau. Es ist eine Lust, exhibitionistisch zu sein. Am meisten ist das Eingeständnis von allerhand Ängsten. Angst ist ja überhaupt in modischem Flor. Wehe dem, der noch eine Spur von Lebensmut zeigt und munter ist. Die Nabelschau wird ja betrieben, um zur Selbstverwirklichung und zur Selbstfindung zu gelangen.»[11]

Der Theologe legt also den Finger auf eine eiternde Wunde. Es stimmt, und die Beratung bestätigt es. Eine handfeste Selbstbesinnung ist hilfreich. Ein übertriebener Narzissmus jedoch macht inaktiv. Selbsterkenntnis ist gut, aber eine masochistische Nabelschau ist neurotisch. Doch Thielicke zeigt nicht nur schonungslos ein Fehlverhalten auf, er diagnostiziert und gibt zwei konstruktive Antworten, eine weltliche und eine geistliche. Beide Antworten sind für die Sinnvermittlung und für die Selbstverwirklichung bedeutsam.

Die eine Antwort stammt von Goethe, der in seinen Prosasprüchen schrieb:
«Wie kann man sich selbst kennen lernen, durch Betrachten niemals, wohl aber durch Handeln. Versuche, deine Pflicht zu tun, und du weißt gleich, was an dir ist.»
Wer seine Pflicht tut, stärkt sein Selbstvertrauen. Sein Selbstbewusstsein wächst.
Der Mensch gewinnt Selbstsicherheit.

4. So stabilisieren Sie Ihren Selbstwert! 107

Die andere Antwort Thielickes stammt aus der christlichen Tradition: «Es gibt keine stärkere Selbstverwirklichung als die in der Liebe und Hingabe.»
Liebe und Hingabe *beglücken.*
Liebe und Hingabe *bereichern.*
Liebe und Hingabe *erfahren Dank und Bestätigung.*
Liebe und Hingabe *bestätigen die eigenen Fähigkeiten.*

Die Beratungspraxis zeigt: Wer die eigene Person zum Thema Nummer eins macht, blockiert die zwischenmenschlichen Beziehungen. Er ist nur noch mit seinen Defiziten, Schwächen und seelischen Unzulänglichkeiten beschäftigt.
Wer Liebe schenkt, erfährt Liebe.
Wer Hingabe praktiziert, erlebt Dankbarkeit.
Wer Zuwendung verströmt, erntet Anerkennung.

BAUSTEIN NR. 11: Ich muss über mein Leben selbst bestimmen können

Der Selbstwert hat etwas mit der *Selbstbestimmung* zu tun. Im Wort Selbstbestimmung steckt das Wort «Stimme». Jeder Mensch hat seine Stimme. Auch die Stimme des Menschen gehört zu seiner Identität. Wir «verkörpern»:

– eine schwache Stimme,
– eine leise Stimme,
– eine laute Stimme,
– eine schrille Stimme,
– eine sanfte Stimme,
– eine warmherzige Stimme oder
– eine durchsetzungsstarke Stimme.

Die Stimme gibt auch unsere *Stimmung* wieder. Sie kann klagend, jammernd, freudig und selbstbewusst klingen. Die Stimme ist ein Barometer für unsere Befindlichkeit. Je gestörter unser Selbstwertgefühl ist, desto unsicherer und wechselhafter klingt unsere Stimme. In einer Atmosphäre der Angst

- versagt unsere Stimme;
- wird uns die Kehle zugeschnürt;
- bekommen wir einen Kloß im Hals.

Anselm Grün kennzeichnet unsere Selbstbestimmung folgendermaßen.

«Selbstbestimmung heißt: die eigene Stimme zu erheben, Sitz und Stimme zu haben, mit abstimmen zu können über das eigene Geschick, aber auch über die Fragen, die uns gemeinsam betreffen. Ich möchte selbst bestimmen, wie ich lebe und was ich tue. Bestimmen meint: mit der Stimme benennen und festsetzen, anordnen, befehlen. Ich ordne mein Leben selbst. Ich erhebe meine Stimme, um mich nicht den Stimmen anderer unterordnen zu müssen. Ich habe das Recht, selbst zu leben, statt von außen gelebt zu werden. Ich darf das Leben, das Gott mir geschenkt hat, selbst formen und bilden. Aber zur Stimme gehört immer auch das Hören. Jesus heilt nicht nur die Zunge des Taubstummen, sondern auch seine Ohren, damit er richtig hört. Wer nicht zu hören vermag, kann auch seine Stimme nicht ausformen und ‹stimmig› erheben.»[12]

Wer selbst bestimmen kann, hat eine klare und eindeutige Stimme. Das Selbstbewusstsein gibt der Stimme Kraft. Das Selbstvertrauen gibt der Stimme Stabilität.

Wer über sich bestimmt, dessen Stimme gilt in dieser Welt.
Wer über sich bestimmt, hat Rückgrat.
Wer über sich bestimmt, ist stimmig.

Unsere Stimme ist auch die Spiegelung von Gottes Stimme. Wer auf seine Stimme hört, wer sich auf *ihn* und sein Wort verlässt, erstarkt in seinem Wesen. Wir erfahren seinen Beistand. Wir erleben seine Führung und wir erleben seine Wegweisung für unser Handeln. Wer den Tag mit *ihm* beginnt, gewinnt Orientierung. Unsere Tagespläne und Vorhaben werden stabilisiert. Unsicherheit und Entscheidungsschwäche nehmen ab. Wir bekommen Rückhalt, der die Selbstbestimmung fördert.

BAUSTEIN NR. 12: Ich baue meine Ängste ab

- Ängste untergraben das Selbstwertgefühl.
- Ängste hemmen und machen mutlos.
- Ängste schränken den Bewegungsspielraum ein.

Viele Ängste sind eingeredet, sind irreale Überzeugungen, sind negative Selbstindoktrinationen. Was machen wir falsch? Einige Beispiele:

«Es sind nicht die Schlangen, die mir Angst machen. Ich mache mir Angst vor Schlangen.»
Ich rede mir die Angst ein.
Ich steigere mich in die Angst hinein.
Ich produziere sie.

«Der Chef will mir Angst einjagen.»
Ich *glaube*, der Chef will mir Angst einjagen.
Ich *glaube*, der Chef will mich loswerden.
Wenn ich mir solche Vorstellungen einrede und daran glaube, beeinträchtigen sie mein Selbstbewusstsein.

«Die Angst vor Einsamkeit kann mir allen Lebensmut nehmen.»
Ich *mache* aus der Einsamkeit ein Riesenproblem.
Ich *mache* mir Angst und nehme mir den Lebensmut.
Ich *mache* mir ein schweres Lebensproblem.

Weder Schlangen noch der Chef, weder die Einsamkeit noch irgendwelche Bedrohungen *von außen* bestimmen meine Angst und untergraben mein Selbstwertgefühl, sondern
  ... *ich* rede mir die Ängste ein,
  ... *ich* glaube, dass die Bedrohung mir den Lebensmut nimmt,
  ... *ich* mache und produziere die Ängste,
  so dass ich mich zurückziehe, der Verantwortung ausweiche und mein Selbstvertrauen untergrabe.

Ich muss nicht mehr allen Menschen gefallen

Wer Ängste abbaut, muss nicht mehr allen Menschen gefallen. Der amerikanische Therapeut H. H. Mosak hat vierzehn Lebensstile skizziert, die im menschlichen Leben eine große Rolle spielen. Sie reflektieren die persönliche Weltanschauung, die Meinung von sich und den anderen, die Überzeugung, wie wir Werte, Normen und Gebote Gottes ernst nehmen, sowie die Verhaltensmuster, die mit solchen individuellen Lebensentwürfen verbunden sind. Einer der vierzehn Lebensstile lautet:

«Derjenige, der es nötig hat, dass ihn alle mögen, will immer allen Menschen gleichzeitig gefallen. Er ist ganz besonders kritikempfindlich und hält es für eine Niederlage, wenn er nicht ständig und überall Zustimmung findet. Er übt sich darin, in anderen Menschen genau zu erkennen, was ihnen gefallen könnte, und ändert ständig seine Meinung in dem Bestreben, allen zu gefallen. Er misst seinen eigenen Wert an der Wertschätzung der anderen.»

H. H. Mosak hat es verstanden, vierzehn der wichtigsten Lebensstile, die immer wieder im Leben der Menschen vorkommen, in kurzen, prägnanten Aussagen zu bündeln. In diesen Lebensstilen werden die Schwächen der Menschen deutlich.

Die Lebensstile charakterisieren die Selbstwerteinschätzungen und die Selbstwertstörungen. Sie spiegeln die Defizite und Minderwertigkeitsprobleme im Umgang mit uns selbst und im Umgang mit anderen wider. Wer allen Menschen gefallen will,

- wird standpunktlos;
- redet den Menschen nach dem Mund;
- wird kritikempfindlich;
- lügt aus Angst anzuecken;
- hat ein äußerst labiles Selbstbewusstsein.

Wozu in aller Welt will der «Typ» allen gefallen?, können Sie fragen. Er liebt sich nicht, er hat sich nicht angenommen. Er

4. So stabilisieren Sie Ihren Selbstwert!

ist auf andere Menschen fixiert. Sein Wert hängt pausenlos in der Luft. Eine ständige Angst umgibt ihn. Er muss gefallen, er redet andern Menschen nach dem Mund.

Er kann nicht Nein sagen.
Er lässt sich ausbeuten.
Er hat Angst, die liebsten Menschen zu verlieren.
Er schwankt haltlos durchs Leben. Er ist in der Tat ein Spielball in der Hand anderer Menschen.

Wer auf Christus schaut, erfährt in seinem Leben einen Halt. Jesus gibt ihm Orientierung. Der Mensch wird nicht mehr von der Gefallsucht hin und her gerissen.

Er weiß um seinen Wert. Er fühlt sich im Tiefsten geschätzt und geachtet.

BAUSTEIN NR. 13: Ich will mich nicht vergleichen!

Kennen Sie den Satz: Sich vergleichen gibt Ärger?
Wer sich vergleicht, wird unzufrieden.
Wer sich vergleicht, macht sich unglücklich.
Wer sich vergleicht, schädigt seinen Selbstwert.

«Wenn ich doch so aussehen könnte wie das Model Heidi Klum!»
«Wenn ich doch so im Mittelpunkt stehen könnte wie Thomas Gottschalk!»
«Wenn ich doch so schreiben könnte wie Thomas Mann!»

Ich bin nicht im Einklang mit mir, wenn ich so denke.
Ich nehme mich in meiner Einmaligkeit nicht wahr.
Ich mache mir mein Herz und mein Leben schwer.
Ich bin nicht ich, ich stehe neben mir.

Wie schrieb Erasmus von Rotterdam, der zur Zeit Luthers lebte? «Der Kern des Glücks: Der sein zu wollen, der du bist.»

Gott hat mich so geformt – wie ich bin.
Gott hat mich so akzeptiert – wie ich bin.

Gott sagt Ja zu mir – mit allen Eigenarten, Schwächen und Stärken.
Er sagt Ja zu uns. Warum lehnen wir uns ab?
Warum glauben wir ihm nicht?
Warum untergraben wir unseren Selbstwert?

Sie kennen doch das bekannte Märchen «Hans im Glück». Er tauschte seinen Goldklumpen gegen ein Pferd, das Pferd gegen eine Kuh, die Kuh gegen ein Schwein, das Schwein gegen eine Gans, die Gans gegen einen Wetzstein. Der Wetzstein fiel dem armen Kerl in den Brunnen, und er hatte nichts mehr. Alle Last war von ihm abgefallen. Da war er glücklich.
Was ist die Pointe dieses Märchens? Der Mensch auf der Suche nach Glück, im ewigen Bemühen, Besseres zu finden, verfehlt sein Glück. Wer ruhelos auf der Lauer liegt, den Fang seines Lebens zu machen, das einmalige Glückslos in Händen zu halten, wird von Unzufriedenheit aufgefressen. Als Hans die Jagd aufgab, als die Beschwernisse «abgefallen» waren, wurde er glücklich. Er war mit sich und seinem Dasein zufrieden. Da liegt der entscheidende Punkt.

Auf die Frage «Glück – was ist das?» antwortete der weltbekannte Dirigent Karl Böhm: «Glück ist wie ein Maßanzug. Unglücklich sind meistens die, die den Maßanzug eines anderen tragen möchten.» Ich verstehe Böhm so:
Wenn wir das akzeptieren, was Gott uns an Gaben geschenkt hat, wenn wir den Anzug bejahen, den Gott uns geschneidert hat, dann sind wir glücklich.
Das Unglück beginnt mit dem Vergleich. Neidisch schauen wir auf Nachbarn, Freunde und Bekannte. Wer sich annimmt und vor den Geber aller Gaben dankbar hintreten und sagen kann: «Ich danke dir, dass du mich so gemacht hast – wie ich bin», der ist zufrieden. Der hat einen positiven Selbstwert.

BAUSTEIN NR. 14: Ich baue mein übertriebenes Leistungsdenken ab!

Übertriebenes Leistungsdenken, übertriebener Ehrgeiz und übertriebenes Karrierestreben haben etwas mit Selbstwertstörungen zu tun. Das sehen viele Menschen nicht. Sie wollen es auch nicht sehen. Weil sie sich minderwertig fühlen, finden sie in übertriebenem Ehrgeiz eine vermeintliche persönliche Aufwertung.

Ich leiste viel, um meinen Selbstwert aufzubessern.

Ich bin sehr ehrgeizig, um angesehen und ernst genommen zu werden.

Ich verausgabe mich, sonst werde ich in der Gesellschaft übersehen.

Wie verdreht und irreal inzwischen Arbeitssucht und Burnout angesehen werden, schilderte mir ein Pastor in einem Seelsorgeseminar:

«Ich kenne einen Amtsbruder in einer Freikirche, der hatte einen Burnout, der ihn einige Monate außer Gefecht setzte. Als er sich um eine neue Stelle bewarb und seine Arbeitssucht und seinen Burnout schilderte, erlebte er keine Ablehnung, sondern wurde als einer von vier Bewerbern genommen. Man vermutete bei ihm, dass er fleißig, ehrgeizig, immer einsatzfreudig und aufopfernd seinen Dienst verrichten würde. Arbeitssucht und Burnout haben selbst in der Kirche einen hohen Prestigewert.»

Das ist die Realität.

Leistungsgesellschaften produzieren auch Leistungschristen. Ehrgeiz und Leistung werden häufig «christlich getauft». Das heißt, sie werden geistlich vereinnahmt und geheiligt. Das Leistungsdenken hat die Kirche häufig missverstanden. Große Leistungen werden mit Frucht verwechselt. Von der Wiege an werden Leistung und Ehrgeiz hoch honoriert. Fleiß, Können, Einsatz und Opferbereitschaft werden als Tugenden gerühmt und rundherum hoch eingeschätzt. Viele Christen, die bis zum Burnout arbeiten, verstehen es glaubhaft, ihre Arbeit und ihren totalen Einsatz als «Dienst für den Herrn» zu etikettieren. Viele spüren nicht mehr, dass sie einer teuflischen Lüge aufgesessen sind.

Martha und Maria

Das Lukas-Evangelium berichtet von Maria und Martha. In dieser Geschichte rückt Jesus die Maßstäbe zurecht, welchen Stellenwert das Helfersyndrom, das Leistungsdenken und die «Werkgerechtigkeit» haben.

Martha-Christen sind häufig Menschen, die in erster Linie im Dienen, im Einsatz für andere ihr Tatchristentum leben. Ihre «guten Werke» geben ihnen das Gefühl, bei Gott besonders hoch im Kurs zu stehen. Wo liegt das Problem bei diesen Tatchristen? Zwei Hinweise dazu.

Hinweis 1: Die Tatchristen geben in erster Linie und können nicht empfangen

Sie sind ständig unterwegs für andere und vergessen das Tanken. Sie praktizieren Sendung und vergessen die Sammlung. Sie können powern, aber nicht genießen. Sie können arbeiten, aber schlecht feiern. Ihr ganzes Leben hat einen Schwerpunkt: ihren Dienst. Selbst essen, schlafen, spazieren gehen, einige Minuten ausspannen, alles ist Dienst. Alles ist programmiert.

Christen, die in erster Linie nur für andere da sind, sagen gern, wenn sie etwas geschenkt bekommen:

«Das war doch nicht nötig!»

«Das habe ich doch gar nicht verdient!»

Professor Thielicke sagte mal zu einem Theologen, dem er ein Buch schenkte und der auch den Satz äußerte: «Das habe ich doch gar nicht verdient» – «Da haben Sie völlig Recht. Verdient haben Sie das nicht. Es ist auch ein Geschenk.»

Christus ist ans Kreuz gegangen für uns. Er hat sich für uns aus Liebe geopfert. Verdienen können wir uns dieses Geschenk nicht. Und verdient haben wir es auch nicht.

Martha-Christen handeln oft so, als wollten sie sich die Ewigkeit *verdienen*.

Martha-Christen handeln oft so, als wollten sie sich die Erlösung *erarbeiten*.

Martha-Christen handeln oft so, als glaubten sie an die *Werkgerechtigkeit*.

Martha-Christen wissen es – mit dem Kopf –, aber in ihrem Handeln spricht vieles dagegen.

Der Reformator Martin Luther hat für Martha wenig Sympathien gehabt. In einer Auslegung heißt es bei ihm:

«Martha, dein Werk muss bestraft und für nichts geachtet werden (…) ich will kein Werk haben denn das Werk Marias, das ist Glaube.»[13]

Martin Luther hat die Werkgerechtigkeit rückhaltlos abgelehnt und der Spiritualität Marias eindeutig den Vorrang gegeben. Luther wollte sich vor seiner Bekehrung mit guten Werken, mit eiserner Disziplin und letzter Hingabe den Seelenfrieden erarbeiten, bis er in der Bibel den revolutionierenden Satz entdeckte: «So halten wir nun dafür, dass der Mensch gerecht wird ohne des Gesetzes Werke, allein durch den Glauben» (Römer 3,28; Luther).

Luther wurde ein neuer Mensch.

Luther fühlte sich von Werkgerechtigkeit und Selbsterlösung befreit.

Luther hat danach nicht die Hände in den Schoß gelegt.

Luther hat «gewühlt», aber er wusste, dass ihn Werkgerechtigkeit niemals erretten würde.

Wir suchen für *Arbeit* und *Leistung* den rechten biblischen Maßstab. Die Bibel geht hart mit «falschem Ehrgeiz» ins Gericht. William Barclay, ein englischer Theologieprofessor, schreibt über diesen griechischen Begriff:

«*Eritheia* ist ein Wort, dessen Bedeutung ein getreues Abbild der menschlichen Natur ist … Eritheia war ursprünglich ein achtbares Wort mit der Bedeutung von *Arbeiten für Lohn*. Dann begann es zu entarten. Es gewann die Bedeutung einer Arbeit, die man nur ausschließlich um des Lohnes willen tut;

einer Arbeit, die nur eine Frage kennt: Was bekomme ich dafür? Zweitens erreichte es die endliche Bedeutung von selbstsüchtigem Ehrgeiz, der keinen Begriff von Dienst hat, dessen ewiges Ziel Profit und Macht ist.»[14]

In Schule, öffentlichem Leben und Beruf ist der «falsche Ehrgeiz» eine Krankheit. Ehrgeiz wird in unserer Gesellschaft – auch in unserer Kirche – viel zu hoch bewertet.
  Der Ehrgeizige kämpft, um den Konkurrenten abzuschütteln.
  Der Ehrgeizige kämpft um moralische und intellektuelle Überlegenheit.
  Der Ehrgeizige kämpft und handelt gemeinschaftsfeindlich.

Jeder wuchert mit seinen Kräften, Gaben und Fähigkeiten. Gott erwartet, dass wir nicht die Hände in den Schoß legen. Er erwartet von seinen Nachfolgern,

– dass sie Geschäfte machen, während er verreist ist;
– dass sie mit ihren Talenten wuchern;
– dass sie in seinem Namen und nicht im eigenen Namen arbeiten;
– dass sie für andere da sind.

Es geht nicht darum, was wir aus unserem Leben herausholen können, sondern womit wir unser Leben füllen.

Hinweis 2: Was erwartet unser Herr?

Unser Herr erwartet,

– dass wir ihn lieben,
– dass wir ihm vertrauen,
– dass wir ihm nachfolgen.

*Über*triebenes Leistungsdenken und *über*triebener Ehrgeiz sind Störungen unseres Selbstwertes.

Wir glauben, wir reichen nicht aus.
Wir glauben, wir genügen *ihm* nicht.
Gott aber hat alles für uns getan. Wir können uns unser Heil und unsere Erlösung nicht verdienen. Sie ist ein Geschenk. Sie ist Gnade und kein Verdienst. Unser Herr treibt keinen Menschen in die Arbeitssucht. Unser Herr erwartet von keinem Menschen, dass er sich für ihn aufopfert. Unser Herr will nicht, dass einer seiner Mitarbeiter einen Burnout erleidet. Der Burnout ist eine Selbstausbeutung, eine Selbstüberforderung, keine Forderung unseres Herrn.

BAUSTEIN NR. 15: Ich bete um Kraft und lerne, mich durchzusetzen

Gehören Sie auch zu den selbstunsicheren Menschen? Dann erleben Sie wahrscheinlich,

– dass Sie sich nicht trauen, im Intercity-Express einen Mann, der selbstsicher zwei Plätze in Anspruch nimmt, zu bitten, dass er seinen Koffer oder die Zeitschriften von dem freien Sitzplatz räumt;
– dass Sie nicht den Mut haben, wenn Sie im Zug einen Fensterplatz belegen, Ihren Nachbarn zu bitten aufzustehen, weil Sie zur Toilette müssen;
– dass Sie Menschen nicht nach dem Weg fragen, weil Sie sich für dumm und klein halten;
– dass Sie nicht den Mut haben, sich ein Haushaltsgerät, das Sie gerade erstanden haben, in allen Einzelheiten erklären zu lassen, weil Sie sich selbst für ungeschickt halten.

Im Alltag gibt es unzählige Begebenheiten, bei denen Unsicherheit und das Bedürfnis nach Harmonie verhindern, dass Sie sich durchsetzen und eine mögliche Auseinandersetzung in Kauf nehmen.

Das Institut für Demoskopie in Allensbach ermittelte, dass drei Viertel aller Frauen sich ein solides Selbstbewusstsein wünschen. Männer treten meist forscher auf.

Selbstsicheres Verhalten lässt sich lernen. Sie müssen nicht alles schlucken und an sich leiden, weil sie geschwiegen haben. Wenn Sie in einem Restaurant sitzen und Ihnen eine versalzene Suppe serviert wird, bitten Sie den Ober höflich an Ihren Tisch und machen Sie ihn freundlich darauf aufmerksam, dass er die Suppe umtauschen möchte.

Ein sicheres Ego ergibt sich aus vielen positiven Erfahrungen. Nur wenn wir uns melden, machen wir positive Erfahrungen. Nur wenn wir den Mut zur Reklamation haben, gewinnen wir Selbstvertrauen. Niemand muss aggressiv und polternd um sein Recht kämpfen. Besonders sensible Menschen,

… die gefallen wollen,
… die nicht anecken wollen,
… die Ärger vermeiden wollen,
müssen lernen, sich zu wehren.

In einem Workshop, in dem gelehrt wurde, wie wir unseren Selbstwert stärken und unsere Bedürfnisse artikulieren, habe ich gelernt:
«Sag es mit Blumen, aber sag's!»
Im Klartext:
Äußere deine Bedürfnisse und deine Kritik höflich, aber verschweige sie nicht. Gib deinem Herzen einen Stoß, bete um Kraft und sprich deine Beschwerden an. Wer seine Interessen verschweigt, leidet. Wer alle seine Bedürfnisse unterdrückt, belastet Leib, Seele und Geist. Wer Selbstbehauptung praktiziert, lebt mit sich selbst im Einklang.

BAUSTEIN NR. 16: Ich darf mich annehmen – wie ich bin

Ich darf Ja zu mir sagen.
Ich nehme mein Leben aus seiner Hand.
Ich weiß, *er* meint es gut mit mir.
Paulus bestätigt uns diese Selbstakzeptanz, wenn er schreibt:

4. So stabilisieren Sie Ihren Selbstwert!

«... nehmt euch gegenseitig an, so wie Christus euch angenommen hat» (Römer 15,7; Gute Nachricht).

Wenn Christus uns angenommen hat, wie wir sind, dann dürfen wir uns auch annehmen – so wie wir sind. Christus hat keine Bedingungen gestellt, denn «er hat die Welt geliebt ...», das heißt, er liebt

– Menschen aus Fleisch und Blut;
– Menschen mit Fehlern und Schwächen;
– Menschen mit Macken und schlimmen Eigenarten.

Wer sich von ihm geliebt weiß, der fühlt sich wertgeachtet. Der ist vom Zwang befreit, immer an sich herumzukritisieren,

– der muss sich nicht verachten;
– der muss sich nicht kasteien;
– der muss sich nicht klein machen.

Das wäre ein völlig falsch verstandener christlicher Glaube. Das wäre auch eine völlige Missdeutung von Demut.
Christus sagt Ja zu uns, und das ist eine Aufwertung sondergleichen. Christus sagt Ja zu uns, und das befreit uns von Selbstzweifeln.

Es gibt eine schöne jüdische Legende, die die Selbstannahme beschreibt. Da wird erzählt, dass ein Rabbi namens Susja vor seinem Tod gefragt wurde, ob er sein Leben rechtschaffen und in Frömmigkeit wie der Erzvater Mose geführt habe. Der Rabbi Susja antwortete darauf:
«In der kommenden Welt wird man nicht fragen: Warum bist du nicht Mose gewesen, man wird mich fragen, warum bist du nicht Susja gewesen?»
Ein bedenkenswertes Wort.
Gott liebt uns in Christus – wie wir sind.
Gott liebt uns als Originale.

BAUSTEIN NR. 17: Ich kann mich entscheiden

Der bedeutende amerikanische Psychologe Martin E. Seligman, ehemaliger Präsident der American Psychological Association, hat sich auch besonders mit dem Thema Stärken und Selbstwert beschäftigt. In der Zeitschrift «Psychologie heute» fand ich eine lehrreiche kleine Begebenheit. Da heißt es:

«Der Aha-Effekt kam für den bekannten amerikanischen Psychologen Martin E. Seligman durch seine kleine Tochter beim Unkrautjäten. Seligman hatte diese Tätigkeit möglichst schnell hinter sich bringen wollen. Aber die Fünfjährige spielte und tanzte, anstatt wie eine Erwachsene bei der Arbeit zu bleiben. Der Autor etlicher psychologischer Werke über Kinder bekennt im Nachhinein, Kindern gegenüber nicht immer gütig gewesen zu sein: Er brüllte seine Tochter an. Die Fünfjährige reagierte überraschend: ‹Papa, ich möchte mit dir reden. Erinnerst du dich noch an den Tag vor meinem fünften Geburtstag? In der Zeit, als ich drei bis fünf Jahre alt war, war ich eine Heulsuse. Jeden Tag habe ich geweint. Als ich fünf wurde, entschied ich mich, nicht mehr zu weinen. Das war das Schwierigste, was ich gemacht habe. Und wenn ich aufhören kann zu weinen, kannst du auch aufhören zu schreien und zu schimpfen.› Das brachte den Psychologen zum Nachdenken über sich selbst und die Psychologie.»[15]

Die Tochter von Martin E. Seligman hat Recht: Sie hat sich entschieden, nicht mehr zu weinen. Sie kann es, wenn man es ihr zutraut. Sie kann es,

- wenn sie ermutigt und bestärkt wird;
- wenn die Erwachsenen ihre negative Kritik einschränken;
- wenn die Erwachsenen positive Aspekte und Qualitäten beim Kind fördern;
- wenn die Erwachsenen die eigenen Entscheidungen unterstützen;
- wenn die Erwachsenen dem Kind zeigen, wie es in widrigen Umständen Hoffnung schöpfen kann.

Wer an das Kind glaubt, lehrt das Kind, an sich zu glauben. Und ein Kind, das an sich glaubt, trifft Entscheidungen, packt mutig Aufgaben an und zieht sich nicht zurück.

BAUSTEIN NR. 18: Ich will Zufriedenheit lernen

- Was erfüllt uns mit Zufriedenheit?
- Wie kann ein zufriedenes Leben aussehen?
- Was ist der Weg zu einem erfüllten Leben?

Elisabeth Lukas, eine Logotherapeutin, erzählte einmal die Geschichte eines städtischen Müllmanns, der den ganzen Tag Abfall und Dreck für andere Menschen wegmachte. Plötzlich entdeckte er den Weg zu einem zufriedenen und erfüllten Leben. Frau Lukas beschreibt seine Lebensgeschichte:

«Besagtem Müllmann wurde vor Jahren das Bundesverdienstkreuz verliehen, und zwar deshalb, weil er unermüdlich zerbrochene, weggeworfene Spielsachen aus den Mülltonnen herausholte und sie abends Stück für Stück neu zusammensetzte. In der Weihnachtszeit verschenkte er sie an bedürftige Kinder. Bedenken wir, dieser Mann hätte auch eine ganz andere Wahl treffen können! Er hätte abends trübsinnig vor einer Flasche Bier oder vor dem Fernseher hocken und sich selbst mitleidigen Gedanken hingeben können, darüber grübelnd, wie sehr er doch vom Schicksal benachteiligt sei: einsam, ohne Familie, mit einem stinkenden Beruf und ohne Hoffnung auf berufliche Verbesserung. Ein verpfuschtes Leben (...) Und was machte er daraus in Wirklichkeit? Er fügte den an sich sinnvollen Werken seiner täglichen Arbeit noch eine weitere Sinndimension hinzu: die Umwandlung von Wertlosem in Wertvolles.»

Dieser Müllmann hat aus seinem «stinkenden» Beruf etwas gemacht.
Er hat seinem Leben *Sinn* gegeben.
Er hat seinem Leben *Zufriedenheit* beschert.

Er hat seinem Leben *Erfüllung* geschenkt.
Er hat in seinem Leben den *Selbstwert* erhöht.

Wir haben tausend Möglichkeiten, unsere Gaben und Talente, die Gott uns beschert hat, zum Nutzen anderer einzusetzen.
Wir beschenken andere, und wir beschenken uns.
Wir erfreuen andere, und wir erfreuen uns.
Wir bestätigen andere, und wir bestätigen uns.

- Zufriedenheit fällt uns nicht in den Schoß.
- Zufriedenheit können wir nicht direkt anstreben.
- Zufriedenheit ist eine *Zugabe* für Menschen, die andere beglücken und beschenken wollen.
- Zufriedenheit ist eine *Begleitmusik* für Menschen, die sich für andere einsetzen.

Jürgen Werth, der Direktor des Evangeliumsrundfunks, schreibt dazu:

«Ein Freund war Direktor bei einer großen Bank, zuständig für Kunden mit einem Privatvermögen von 500 000 Euro aufwärts. ‹Nun glaube aber nicht›, sagte er mir eines Tages, ‹dass ich es mit glücklichen und zufriedenen Menschen zu tun hätte. Im Gegenteil. Die meisten sind ganz und gar unzufrieden. Sie wollen immer mehr.› Er selbst nannte dieses Lebensgefühl ‹Mehr-Fieber›.

Hat uns das nicht alle ergriffen, auch wenn unser Bankkonto erheblich kleiner ist? Wer ist schon wirklich zufrieden mit dem, was er hat? Wer möchte nicht mehr, immer mehr? Und so stopfen wir alle unsere Kühlschränke voll, unsere Wohnungen voll, unser Leben voll. In der Hoffnung, wir würden damit glücklich und zufrieden. Dabei wusste schon Wilhelm Busch: ‹Ein jeder Wunsch, wenn er erfüllt, kriegt augenblicklich Junge.›»[16]

Baustein Nr. 19: Ich ändere meine Gesinnung

- Meine Gedanken bestimmen meine Gefühle.
- Meine Gedanken bestimmen meine Emotionen.
- Meine Gedanken bestimmen meinen Selbstwert.

Selbstwertstörungen beruhen häufig auf fragwürdigen Gedanken, Befürchtungen und Überzeugungen, die wir fest in uns einprogrammiert haben. Diese Gedanken bestimmen unsere Gewohnheiten und unsere Gesinnung. Wenn wir aber erkennen, dass diese Gesinnung unser Leben falsch steuert, dass dieses «Durch den schlechten Selbstwert gesteuert werden» uns unglücklich macht, dann ist eine Kursänderung notwendig. Befürchtungen und negative Gedanken machen uns unsicher. Sie rauben uns unsere Energie. Ich denke, Sie haben sicher auch bemerkt: Wenn Sie den destruktiven Gedanken und Befürchtungen viel Platz einräumen, gerät Ihr Selbstbewusstsein völlig ins Schleudern. Immer neue Befürchtungen schleichen sich ein. Alle Hoffnungen verschwinden. Sie füllen Ihr Gemüt mit zerstörerischen Vorstellungen. Wahrscheinlich geraten Sie in Angst, womöglich in Panik. Was hilft, ist ein «Gedankenstopp». Sie sagen sich:

«Die Gedanken sind unsinnig. Ich steigere mich selbst in ein Gefühlschaos hinein.»

Sie rufen sich ernsthaft zur Ordnung und befehlen sich, dem Strom der negativen Gedanken ein Ende zu bereiten. Sie konzentrieren sich gezielt auf ein angenehmes Thema oder lassen sich durch bestimmte Handlungen von der Werkstatt Ihrer Unglücksplanung ablenken.

Die Bibel gibt uns im Römerbrief eine andere nützliche Handreichung:

«Passt euch nicht den Maßstäben dieser Welt an. Lasst euch vielmehr im Innersten von Gott umwandeln. Lasst euch eine neue Gesinnung schenken. Dann könnt ihr erkennen, was Gott von euch will» (Römer 12,2; Gute Nachricht).

Eine ausgezeichnete Botschaft für Selbstwertgestörte.
Ändert euer *Denken,*
ändert eure *Gesinnung,*
ändert eure *falschen* und *irrigen Ziele,*
ändert eure *falsche Lebensgrundüberzeugung.*

Wer hinter den Maßstäben und Leitmelodien dieser Welt herläuft, bleibt auf der Flucht vor einem stabilen Selbstwert. Er sucht Ablenkung, aber keine Gesinnungsänderung. Er sucht Zerstreuung, aber er erfährt keine Korrektur seiner Selbstwertstörung.

Viele hoffen bei einem Wohnortwechsel oder wenn sie eine neue Umgebung finden, dass sich alles ändert. Sie irren sich. Wir nehmen uns mit. Unsere Ansichten und Überzeugungen ziehen mit um. Die Selbstwertstörungen, die in uns schlummern, lassen wir nicht am alten Ort zurück.

Gesinnungsänderung ist ein Geschenk

Es geht nicht um nutzlose Appelle, aufrecht im Leben zu stehen, mutig den Anforderungen des Lebens entgegenzutreten. Es geht darum, uns «im Innersten von Gott umwandeln zu lassen». Es geht darum, dass uns eine neue Gesinnung geschenkt wird. Der aramäische Ausdruck «Tut Buße!» heißt genau übersetzt:

- Kehrt zurück zu eurem Ursprung.
- Kehrt dahin zurück, wo ihr herkommt, nämlich in die Nähe Gottes.
- Was sich trennend zwischen Gott und Mensch geschoben hat, soll korrigiert werden.

Christsein ist keine Kleiderfrage. Es macht sich nicht an Äußerlichkeiten fest. Es geht um den inwendigen Menschen, der unter Selbstwertstörungen leidet. Es geht um die falschen Lebensgrundüberzeugungen, die geändert werden müssen. Wie können diese falschen Lebensgrundüberzeugungen lauten?

- Ich darf keinen Fehler machen, sonst bin ich wertlos.
- Ich darf keine Verantwortung übernehmen, denn Entscheidungsfehler ruinieren mich.
- Ich traue mir nichts zu, denn mein Selbstvertrauen ist erbärmlich.
- Ich verstecke mich, denn andere sind tüchtiger, schneller und ehrgeiziger.

Welche Schritte sind erforderlich, um eine Gesinnungsänderung einzuleiten?

1. Schritt: Ich muss die Notwendigkeit der Gesinnungsänderung einsehen

«Einsicht ist der erste Schritt zur Besserung.»

Ohne Einsicht keine Veränderung.
Ohne Einsicht kein Gebet um Gesinnungsänderung.

2. Schritt: Ich bete konkret um Änderung der destruktiven ungeistlichen Motive

Wie lauten die ungeistlichen Motive?
Was teile ich durch Selbstwertstörungen mit?
Was vermeide ich durch mein mangelndes Selbstvertrauen?
Was will ich mit meinem mangelnden Selbstbewusstsein erreichen?
Wovor drücke ich mich?
Was ist der Gewinn, wenn ich mit Minderwertigkeitsgefühlen reagiere?
Wovor laufe ich weg?
Was traue ich mir nicht zu?

3. Schritt: Der Heilige Geist schenkt uns die Kraft zur Änderung

Wenn ich die ungeistlichen Motive klar benennen kann, werden die Gebete konkret.
Die ungeistlichen Motive sind der Treibstoff für die falschen Ziele.

Die ungeistlichen Motive sind die Ausreden, die uns inaktiv machen.
Der Heilige Geist schenkt uns die Kraft, falsche Ziele zu ändern.
Der Heilige Geist kann das Wollen zur Veränderung verstärken.
Gott will unsere Angst verkleinern, mit der wir uns drücken und vielen Aufgaben ausweichen.
Gott will mutige, zuversichtliche und tatkräftige Nachfolger aus uns machen.
Gott will, dass wir selbstvertrauend hinter ihm hergehen und die Lebensaufgaben anpacken, die er uns vor die Füße legt.
Durch den Heiligen Geist werden unsere Befürchtungen abgebaut und unsere Selbstzweifel aufgelöst. Wer sich auf *ihn* verlässt, den verlassen Resignation und Entmutigung.

BAUSTEIN NR. 20: So, wie ich bin, bin ich gut genug

Die geistliche und therapeutische Heilung von Selbstwertstörungen kann mit einem Satz umschrieben werden, und dieser Satz ist die Basis für unsere Selbstsicherheit:

«So, wie ich bin, bin ich gut genug.»

Nicht *gut*, Gott allein ist gut; aber *gut genug*. Warum?
Weil ich zu *ihm* gehöre.
Weil Gott Ja zu mir gesagt hat.
Weil Gott mich gerechtfertigt hat.
Weil Gott mich so recht sein lässt.

Das schafft eine Befreiung an Leib, Seele und Geist. Das macht gelassen, das macht beschwerdefrei. Wir sind erleichtert im besten Sinne des Wortes. Wir haben unsere Identität gefunden.

Ich bin mit mir einverstanden – wie ich bin:

– mit meinen *Eigenarten,*
– mit meinen *Fehlern,*

- mit meinen *Begabungen*,
- mit meinen *Grenzen* und *Begrenzungen*.

Wer das sagen kann, der hat Lebensmut.
Wer das leben kann, packt zu.
Wer das von sich denkt, resigniert nicht.
Wer das so sieht, denkt positiv von sich und den anderen.
Wer sich so sieht, dreht sich nicht um sich selbst, kümmert sich um andere und findet den Sinn im Leben.

Viele haben jahrhundertelang geglaubt, dass Selbstannahme ungeistlich und Selbstliebe gotteslästerlich sei. Wer sich annehmen kann, wie er ist, der ist glücklich. Matthias Claudius hat ein kleines Gedicht verfasst, das diese glücklich machende Selbstannahme charakterisiert:

«Ich danke Gott und freue mich
wie's Kind zur Weihnachtsgabe,
dass ich bin, bin! Und dass ich dich,
schön menschlich Antlitz habe.»

Das ist kindliche Freude.
Das ist kindlicher Glaube.
Das ist kindliche Dankbarkeit.

Für einen lebendigen Christen eine geradezu klassische Form der Selbstannahme!
Wohlweislich setzte Claudius drei Worte über das kleine Gedicht, nämlich:
«Täglich zu singen.»
Wer nicht täglich Selbstannahme übt und singt, wird anderen mit «unschönem menschlichen Antlitz» die Stimmung verderben.

Selbstannahme heißt:

- Ich sage Ja zu meinem Gesicht.
- Ich sage Ja zu meinem Körper.

- Ich sage Ja zu meinen Gaben.
- Ich sage Ja zu meinen Defiziten.
- Ich sage Ja zu meinem Beruf.
- Ich sage Ja zu meiner Persönlichkeit mit allen Vor- und Nachteilen.

Jesus hat mich bedingungslos angenommen. Da ist nicht etwa von In-sich-verliebt-Sein die Rede oder von Selbstbeweihräucherung, von Eitelkeit und Hochmut. Hier geht es schlicht und einfach um Selbstannahme. *Er* bestätigt meinen Selbstwert. *Er* bestätigt mein Selbstvertrauen.

BAUSTEIN NR. 21: Die Vergebung stärkt meinen Selbstwert

- Schuldgefühle belasten.
- Schuldgefühle untergraben das Selbstvertrauen.
- Schuldgefühle rauben uns das Selbstbewusstsein.

Wer vergeben kann, wird frei. Er entlastet sich. Denn Selbstwertstörungen bestehen aus vielen seelischen und psychosomatischen Belastungen, die den Lebensmut verringern. Seelische Belastungen beschneiden die Tatkraft und fördern den Rückzug.

Im Vaterunser heißt es: «Vergib uns unsere Schuld, wie auch wir vergeben unseren Schuldigern.» Wem Gott die Schuld erlässt, wen er frei macht von Schuld, der ist frei. Frei von Selbstzweifeln, frei von belastenden Schuldgefühlen, frei von Sünden, die ihn zu Boden drücken. Gott hat die Lasten und Belastungen weggenommen. Davon profitiert auch unser Selbstwert. Wir gewinnen mehr Selbstvertrauen und mehr Selbstbewusstsein. Sollten wir dann nicht auch den Menschen, die uns lieblos und feindselig gekränkt und verletzt haben, diese Schuldenlast nehmen?

Ein wesentlicher Punkt der Vergebung ist eben auch, den Menschen *loszulassen*, der uns gekränkt, beleidigt, betrogen und gequält hat. Verletzungen, Demütigungen und Kränkungen gehören zu unserem Leben. Sie wegzugeben und loszulassen ist nicht einfach. Und solange wir seelische Verletzungen einfach wegstecken, überspielen oder verdrängen, rumoren unsere Innereien. Vom Scheitel bis zur Sohle können die verschiedensten Organe in Mitleidenschaft gezogen werden. Der Körper wehrt sich.

Die amerikanische Professorin Beverly Flanigan, die ein Buch über Verzeihen und Vergeben geschrieben hat, formuliert unter dem Thema «Den Verletzer loslassen» die folgenden Gedanken:
«Es gibt eine Fessel zwischen dem Verletzten und dem Verletzer. Bei unverzeihlichen Verletzungen verwandelt sich die Fessel der Liebe in eine des Kummers und Verlustes, dann in eine des Hasses. (...) Durch eine intime Verletzung werden beide Beteiligten aneinander gebunden. Es kann keine Opfer ohne Täter geben, keine Gefangenen ohne Fänger. Den Verletzer loszulassen, macht auch den Verletzten frei. Wenn einer nicht länger der Verletzer ist, kann der andre sich nicht länger ‹verletzt› fühlen.
Stellen Sie sich die Beziehung zwischen einem Tierwärter und einem eingesperrten Zootier vor. Eines Tages entscheidet sich der Zoowärter, nachdem er viele Jahre lang für eine große Löwin gesorgt hat, die Käfigtür zu öffnen und sie zu befreien. Die Tür schwingt auf, die Löwin blickt hinaus. Sie macht einen riesigen Satz in Richtung Freiheit. Beide, Gefangene und Wärter, existieren nicht länger in Beziehung zueinander. Die Fessel ist zerrissen.»[17]

Wer widerspruchslos Kränkungen und Verletzungen einsteckt, handelt nicht demütig, sondern feige. Im Hintergrund steht die Angst,

- vom Partner lieblos behandelt zu werden;
- missachtet und im Stich gelassen zu werden;
- Widerstand, Zorn und Abwehr zu erfahren.

Dagegen steht:

- Wer Verletzungen vergibt, weggibt, wird frei.
- Wer Verletzungen weggibt, wirft Bindungen und Fesseln ab, die er sich selbst angelegt hat.
- Wer Verletzungen weggibt, löst sich vom anderen, an den er in Gedanken und in der Phantasie gekettet ist.
- Wer Verletzungen weggibt, stärkt seinen Selbstwert, fördert sein Selbstvertrauen und baut seine Selbstsicherheit auf.

Vergebung heilt das beschädigte Selbstwertgefühl

In der Vergebung erleben wir die heilende Gnade Gottes. Mit der Vergebung geschieht sozusagen eine Neuprägung unseres Selbstbewusstseins.

Wie lauten die schmerzlichen Punkte in Ihrer Vergangenheit?

Welche Verletzungen in Kindheit und Jugend haben Ihnen zu schaffen gemacht? Welche Demütigungen und Zurückweisungen mussten Sie ertragen?

Es ist wichtig,

- dass Sie die Verletzungen und Schmerzen zulassen;
- dass Sie sich Ihre damaligen Reaktionen auf diese Belastungen vergegenwärtigen;
- dass Sie sich aufrichtig Ihren Gefühlen stellen, die Sie vielleicht verdrängt haben;
- dass Sie vor einer Vertrauensperson im Gebet Ihre Schmerzen bekennen;
- dass Sie Ihre Abneigung und Ihren Hass gegen alle Menschen, die Ihnen geschadet haben, offen legen.

Wenn Wut und Ärger aufsteigen, lassen Sie Ihre Emotionen zu. Viele feine Christen verdrängen diese Gefühle, weil sie sie für ungeistlich halten.

Wenn wir aufrichtig unsere Enttäuschungen und Demütigungen bekennen, schenkt uns Gott Vergebung. Wir trennen uns von den Menschen, die uns wehgetan haben. Wir entlassen sie. Wir geben sie frei. Und auch wir werden frei.

Unsere Anklagen verstummen.

Unsere Vorwürfe klingen ab.
Unsere Verbitterung hat ein Ende.
Unsere Verletzungen lösen sich auf.
Wer nicht vergibt, bleibt vielleicht jahrzehntelang an seine Verletzungen gefesselt. Sie tyrannisieren uns und untergraben unseren Selbstwert.

Zur Vergebung gehört, dass ich auch mir selbst vergebe. Wer vom Gefühl der Selbstablehnung heimgesucht wird, weil er sich früher begangene Verfehlungen nicht vergeben kann, braucht Vergebung. Wer die Vergebung in Christus erfahren hat und sich weiter selbst ablehnt, wer sich mit Selbstanklagen bestraft, entwertet seine Vergebung. Vergebung beinhaltet:

- Ich muss nicht mehr traurig sein.
- Ich muss mir nicht weiterhin Vorhaltungen machen.
- Ich darf froh und glücklich sein, weil *er* mich frei gemacht hat.
- Ich darf selbstvertrauend, mit gestärktem Selbstwert und selbstbewusst meinen Weg gehen.

BAUSTEIN NR. 22: Gott ist größer als unsere Selbstanklagen

Viele feine Christen leiden unter Selbstanklagen, Selbstvorwürfen und Selbstkritik. Ihr Selbstwert ist gering. Sie mögen sich nicht leiden und denken schlecht über sich. Diese Selbstanklagen und Selbstzweifel können beinhalten:

- Ich habe das *Gefühl*, als Christ nicht zu genügen.
- Ich habe das *Gefühl*, in der Nachfolge zu versagen.
- Ich habe das *Gefühl*, die anderen sind tüchtiger, gläubiger und entschiedener.
- Ich habe das *Gefühl*, mein Glaube und meine Fähigkeiten reichen nicht aus.

- Ich habe das *Gefühl*, meine Beiträge im Leben sind zu klein.
- Ich habe das *Gefühl*, das Leben und Gott spielen mir einen Streich.

Wer starke Selbstwertstörungen hat, fühlt und denkt eher pessimistisch. Er hat die dunkle Brille auf und sieht vieles miserabel und grau. Er belastet sich und macht sich das Leben schwer.

Für Menschen, die sich
... mit Selbstanklagen,
... mit Selbstvorwürfen,
... mit Selbstzweifeln,
... mit Selbstverdammung und
... mit Selbstkritik quälen,
hat der Apostel Johannes im 1. Johannesbrief eine wunderbare Botschaft ausgesprochen, um diesen selbstzerstörerischen Botschaften zu begegnen. Bei ihm heißt es:

«Deshalb, meine Kinder, lasst uns einander lieben: nicht mit leeren Worten, sondern mit tatkräftiger Liebe und in aller Aufrichtigkeit. Daran zeigt sich, dass die Wahrheit unser Leben bestimmt. So können wir mit einem gutem Gewissen vor Gott treten. Doch auch wenn unser Gewissen uns schuldig spricht, dürfen wir darauf vertrauen, dass Gott größer ist als unser Gewissen. Er kennt uns ganz genau. Kann uns also unser Gewissen nicht mehr verurteilen, meine Lieben, dann dürfen wir voller Freude und Zuversicht zu Gott kommen. Er wird uns geben, worum wir ihn bitten» (1. Johannes 3,18–22; Hoffnung für alle).

Ein Mut machendes und tröstendes Wort für alle Angefochtenen. Gott ist größer als unser Gewissen. Einige Bibelübersetzungen schreiben «Gewissen», andere formulieren «Herz». Beide Übersetzungen sind richtig. Herz und Gewissen sind gleichsinnige Begriffe.

Wer mit Gewissenskonflikten reagiert,
wer mit einem unruhigen Herzen Gott begegnet,
wer mit zwiespältigen Gefühlen seinen Glauben lebt,

wer sich als Christ mit Selbstvorwürfen plagt, darf wissen:
Gott ist größer als unser Herz.
Gott ist größer als unser Gewissen.
Gott ist größer als unsere Gefühle, die uns verunsichern.

Viele Christen lassen sich immer wieder von ihrer inneren Unruhe anfechten. Bei einer genauen Selbstinspektion entdecken sie Sünden, Mängel und geistliche Defizite. Was machen sie falsch?
Sie schauen *auf sich* und ihr Gewissen.
Sie hören *auf sich* und ihren Herzschlag.
Sie werfen *auf sich* alle beunruhigenden Gefühle.
Wer auf sich schaut, ist arm dran. Wer auf *ihn* schaut, sieht den Befreier.

BAUSTEIN NR. 23: Der Selbstwert wächst, wenn Sie Gott die Ehre geben

Wenn Sie Gott an die erste Stelle rücken, hat das Folgen für Ihr Denken und Handeln.
Ihr Leben erhält Prioritäten.
Ihr Leben bekommt Stabilität.
Ihr Leben erfährt eine klare Ausrichtung.
Ihr Leben wird von einer froh machenden Stimmung erfasst.

Sie hängen nicht mehr in der Luft. Sie haben einen Freund, einen Begleiter und einen Ratgeber, der Ihr Leben fördert und bestimmt. Sie werden selbstbewusster durchs Leben gehen und selbstvertrauender Entscheidungen treffen. Zweifel und Grübeleien fallen mehr und mehr von Ihnen ab. Sie müssen nicht mehr allein gehen. Eine wunderbare Kraft wird Ihren Willen unterstützen.

«Wer sein Leben über alles liebt, der wird es verlieren.
Wer aber bereit ist, sein Leben vorbehaltlos für Gott ein-

zusetzen, wird es für alle Ewigkeit erhalten» (Johannes 12,25; Hoffnung für alle, 1983).

- Sie ehren Gott, wenn Sie sich in allem Tun und Lassen an *ihn* wenden.
- Sie ehren Gott, wenn Sie sein Wort ernst nehmen.
- Sie ehren Gott, wenn Sie sich annehmen, wie Sie sind, und den anderen annehmen, wie er ist.
- Sie ehren Gott, wenn Sie seiner Stimme folgen, auch wenn Zweifel und Befürchtungen Sie überfallen.
- Sie ehren Gott, wenn Sie *ihm* Ihre Gaben und Talente zur Verfügung stellen.

Er erwartet keine Höchstleistungen von Ihnen, sondern dass Sie ruhig und vertrauend hinter ihm hergehen. Diese Nachfolge beschert Ihnen Ruhe und inneren Frieden. Sie werden nicht mehr von Minderwertigkeitsgefühlen niedergedrückt.

Vorher waren Sie *unsicher*, jetzt werden Sie sicher.
Vorher waren Sie *kraftlos*, jetzt erleben Sie Kraft.
Vorher waren Sie *ratlos*, jetzt haben Sie einen Ratgeber.
Vorher waren Sie *gehemmt*, jetzt leben Sie gelöster.

Der Glaube ist eine Basis, die den Selbstwert stärkt.
Der Glaube ist eine Kraft, die Leib, Seele und Geist erfüllt.
Der Glaube ist ein Halt, der die Orientierungslosigkeit beendet.
Der Glaube ist eine Perspektive für heute und für die Zukunft.

Wer dem lebendigen Gott vertraut, vertraut dem Leben, vertraut den Menschen und er vertraut seinen Entscheidungen. Er weiß: Alles, was geschieht, kommt aus seinen guten Händen.

4. So stabilisieren Sie Ihren Selbstwert!

BAUSTEIN NR. 24: Ich bin dein Kind!

Wer das aus vollem Herzen sagen kann, der hat Selbstvertrauen und reagiert selbstbewusst. Viele Menschen sagen das Gegenteil:

- Ich bin ungeschickt.
- Ich bin eine Niete.
- Ich bin ein Versager.
- Ich bin eine graue Maus.
- Ich bin nicht viel wert.
- Ich weiß nicht, ob ich überhaupt Christ bin.

Sie sehen nur ihre Schwächen und übersehen ihre Gaben. Sie schauen auf die Fehler und nicht auf Christus. Sie spüren ihr Versagen und nicht ihre Kraft. Sie sind fehlerorientiert anstatt erfolgsorientiert.

Wer auf die Angst schaut, wird von der Angst aufgefressen.
Wer auf sein Versagen schaut, wird vom Versagen überwunden.
Wer auf seine Fehler schaut, kann nicht mehr an seine Fähigkeiten glauben.

Im Lukas-Evangelium heißt es: «Maria aber sprach: Siehe, ich bin des Herrn Magd; mir geschehe, wie du gesagt hast» (Lukas 1,38; Luther).

Ich bin des Herrn Magd, deshalb bin ich zufrieden.
Ich bin des Herrn Magd, deshalb nehme ich alles aus seiner Hand.
Ich bin des Herrn Magd, deshalb zerbreche ich mir nicht mehr den Kopf um tausend Kleinigkeiten.

Können wir das sagen?

Herr, ich bin dein Kind –
   ich spüre Ruhe und Gelassenheit in meinem Herzen.

Herr, ich bin dein Kind –
  du nimmst mir meine Befürchtungen und Zweifel.
Herr, ich bin dein Kind –
  du hast mich lieb und vergibst mir alle Schuld.
Herr, ich bin dein Kind –
  du nimmst mir alle Selbstwertstörungen ab.
Herr, ich bin dein Kind –
  ich begegne mir, den anderen, dem Leben und dir mit Selbstvertrauen und Selbstbewusstsein.

Ich danke dir für diese großartige Zusage.

Ich sage Ja zu deiner Liebe
und bin nicht mehr verzweifelt.
Ich gewinne Mut und Hoffnung.

Ich sage Ja zu deiner Liebe
und brauche nicht mehr krampfhaft
nach Bestätigung und Anerkennung zu suchen.

Ich sage Ja zu deiner Liebe
und habe eine Fassade nicht mehr nötig.
Ich kann mir und anderen meine Fehler eingestehen.

Ich sage Ja zu deiner Liebe
und muss mich nicht mehr ständig mit anderen vergleichen.
Ich fange an, dir, Gott, zu danken, dass ich so bin, wie ich bin.

Ich sage Ja zu deiner Liebe
und höre auf, mich selbst zu bemitleiden.
Ich schaue auf dich, Gott, und nicht auf meine Sorgen.
Vieles traue ich mir jetzt zu.

Ich sage Ja zu deiner Liebe
und muss mich nicht mehr in Frage stellen.
Ich höre auf, mich unaufhörlich selbst zu kritisieren
und einen Tanz um meine Probleme zu veranstalten.

Ich sage Ja zu deiner Liebe
und kann bei dir alles abladen, was mich bedrückt.
Deine Liebe stärkt meinen Selbstwert.
Deine Liebe gibt mir Selbstvertrauen.

Anmerkungen und Literaturhinweise

KAPITEL 1: Der Lebensstil des Selbstwertbewussten

[1] Frederick S. Perls: *Gestalt Therapy Verbatim*, Real People Press: LaFayette, California 1969, Seite 40.

KAPITEL 2: Der Lebensstil des Selbstwertgestörten

[1] Siegfried Buchholz: «Leistungsdruck und christliche Werte», in: «Voice», 3/2004. Seite 10.

KAPITEL 3: 19 Störungen des Selbstwertgefühls

[1] Wolfgang Schmidtbauer: *Alles oder Nichts*, Rowohlt: Reinbek bei Hamburg 1990, Seite 105.
[2] Anselm Grün: *Tu dir doch nicht selber weh*, Matthias Grünewald: Mainz 1999[4], Seite 95f.
[3] Hans Wiedemann: «Sucht und Verwöhnung», in: «Mitteilungen Haus Maranatha», 1/1999, Seite 6.

KAPITEL 4: So stabilisieren Sie Ihren Selbstwert

[1] Nossrat Peseschkian: *Auf der Suche nach Sinn*, Fischer Taschenbuch: Frankfurt 1983, Seite 13.
[2] Lawrence J. Crabb, in: Josh McDowell: *Werden, wie Gott mich meint*, Editions Trobisch: Kehl a. Rhein 1989, Seite 17.
[3] Aus: «Schulreferat», Kirchenkreis Siegen, Fortbildung 2005.
[4] Charles R. Swindoll: *Ein Schritt vor und zwei zurück?*, Schulte & Gerth: Asslar 2000, Seite 37.
[5] James Dobson: *Minderwertigkeitsgefühle – eine Epidemie*, Editions Trobisch: Kehl a. Rhein 1987[2], Seite 82.
[6] Aus: «Der Spiegel» 28/2003, Seite 124.
[7] Aus: «Der Spiegel» 28/2003, Seite 137.

[8] Stephen R. Covey: *Die sieben Wege zur Effektivität*, Heyne: München 2000, Seite 69f.
[9] Peter Hahne: *Schluss mit lustig*, Johannis Verlag: Lahr 2004[11], Seite 70ff.
[10] Anselm Grün: *Selbstwert entwickeln – Ohnmacht meistern*, Kreuz: Stuttgart 1998, Seite 45.
[11] Helmut Thielicke, in: Gilbert Bilezikian: *Gemeinschaft. Gottes Vision für die Gemeinde*, Projektion J: Asslar 1999, Seite 146.
[12] Anselm Grün: *50 Engel für die Seele*, Herder: Freiburg/Basel/Wien 2000, Seite 22.
[13] «Nur Martha gab nicht klein bei», aus «Deutsches Allgemeines Sonntagsblatt» 15/1986.
[14] William Barclay: *Begriffe des Neuen Testaments*, Aussaat: Wuppertal 1979, Seite 89.
[15] Ann Elisabeth Auhagen: «Das Positive mehren», in: «Psychologie heute» 12/2004, Seite 49.
[16] Jürgen Werth: *Kurz & fündig*, Brunnen: Gießen 2004[2], Seite 25f.
[17] Beverly Flanigan: *Nicht vergessen und doch vertrauen*, Rowohlt: Reinbek bei Hamburg 1994, Seite 158f.

Notizen

Notizen